Büchergilde
Gutenberg

Mit Illustrationen von
Christian Gralingen
und einem Vorwort
von Nora Gomringer

E.T.A. Hoff-mann

Kreisleriana
Die Automate
Der Magnetiseur

Drei Erzählungen

Vorwort

Eins

Kreisleriana I

Kreisleriana II

Aquarius Amadeus

Der Autor E.T.A. Hoffmann
muss eindeutig ein im Zeichen des Wassermanns Geborener gewesen sein. Alle Eigenschaften, die auch nur im Entferntesten diese Menschen des späten Januars und frühen Februars charakterisieren, wollen doch tatsächlich auf ihn zutreffen. Freigeistig, sehnsüchtig, dem Traditionellen eher fern, aufgeschlossen, neugierig und anpassungsfähig sollen sie sein, dabei auch leidenschaftlich, gerechtigkeitsliebend und stark dem Übersinnlichen zugeneigt. Unbändig kreativ, pflichtbeflissen, fast kindlich, humorvoll. Bei aller Unkonventionalität wird ihnen ein bewegtes, bewegliches Herz zugeschrieben. Mir ist das alles nicht fremd, da ich selbst Wassermann bin und meine Mutter eine eifrige und gewandte Astrologin war. Aufgeklärt also über die Dinge, die Ephemeridentabellen und ihre Jahrtausende alten Deutungen über uns Menschen aussagen können, fühle ich eine gewisse Wesensverwandtschaft mit allen Wassermännern, aber durchaus eine besondere mit Ernst Theodor Amadeus Hoffmann.

Wassermänner sind Genresprenger und Grenzwanderer. Natürlich gibt es auch atypische oder solche, denen ihre Aszendenten ein anderes Los auferlegen, aber eigentlich ist die Verblüffung über größte Wildheiten in der Kunst für Astrologen mit der Erklärung getan, dass es sich bei deren Urhebern um Aquarii handelt. Fällt einer – sprichwörtlich – vom Himmel und hat es geschafft, vorher noch eine Leiter nach da oben zu bauen, so muss es einer von denen sein. Sein eigenes Gefühl von Verwandtschaft und Bewunderung auszudrücken war Hoffmanns Absicht, als er sich den Mittelnamen Amadeus gab, angelehnt an den ebenfalls im Zeichen des Wassermanns geborenen Mozart. Spirituelles also, Feinnerviges, Sinnliches und Übersinnliches waren Hoffmann nicht fremd. Die Zeitgenossen, mit denen er sich über Musik, Komposition, Literatur und Leben verständigte, erlebten einen Geschmackswandel zum Melancholisch-Poetischen in ihrer Zeit, die als Epoche der Romantik, den Sturm und Drang ablösend, in die Weltwahrnehmung eingehen sollte.

Und die Romantik tat sich auf wie eine Schatztruhe, in der etwas angestaubt die Mythen und Märchen lagen, das halbe Mittelalter, und aus der unbedingt und eigenständig ein Gefühl neuer Zusammen- und Zugehörigkeit gezogen sein wollte, das der Formation einer Nation beistehen konnte. Heinrich Heine, selbst »Fisch-im-Wasser« der Romantik, kommentierte und spottete hin und wieder, brachte Ironie und Kaustik in die Betrachtungen allzu tiefer Innerlichkeit bestimmter Kollegen und sorgte dafür, dass die Romantik nicht vor Pathos und Leid troff. E.T.A. Hoffmann sah sich durch das, was gemeinhin als romantisch verstanden wurde, in seiner Themenwahl befreit – interessierten ihn zwar die inneren Vorgänge genauso, nur verfolgte er sie auf den elliptischen Bahnen des Wahnsinns, des Traums, der Phantastik. Hohn und Spott machten ihm eher den Zeichenstift lebendig und brachten ihm Unbill, aber sicher auch manche Erheiterung und bereits zeitlebens den Ruf eines glänzenden, bissigen Karikaturisten und damit Beobachters.

Die entfesselten Visionen des E.T.A. Hoffmann haben eine erstaunliche Haltbarkeit bewiesen. Gedanken an dubiose Machenschaften in den Wissenschaften, unlautere Doctores, Scharlatane, Schwindler, Magier statuarischen Auftretens, die mit Taten assoziiert werden, die die bloße »olle« Alchemie in den Schatten stellen, werden durch Hoffmanns Werk am Leben gehalten. Weniger die moralische Auseinandersetzung und Bewertung als vielmehr Phänomenologie und die Darstellung der Auswirkungen unglaublicher Vorkommnisse auf die Psyche der Beteiligten stehen bei ihm im Zentrum. Die Schilderungen obskurer Fragestellungen, Geheimbünde, Erfindungen, die nicht ohne Folgen bleiben, eröffnen einen neuen erzählerischen Kosmos, der bis heute in den USA, in Russland, in Korea die Rezeption Hoffmann'scher Stoffe belebt. Das Metaphysische erhält eine Schilderung des Immer-Möglichen und wird somit Teil des Lebens, der Schatten, den die Blaue Blume zwangsläufig wirft. Darin steckt viel Verführung und Einladung an jedwedes Außenseitergefühl – vielleicht das Rezept für den Erfolg Hoffmanns auch in diesem Jahrhundert. In der Sphäre des Nächtlichen – ich höre immer noch meinen Deutschlehrer Dr. Deinlein die Romantik mit einem Eindeutigkeitskatalog belegen und uns »Nacht« und »Mond« darin als unbedingte romantische Topoi begreifbar machen: »Schwellensituationen, denken Sie an Schwellensituationen!« – sind die Schatten die Täter und das Licht ist vager Flammenschein. Eine große Schlittenfahrt mit der ganzen luminösen Aufklärung erleben wir da!

In der vorliegenden Sammlung dreier Erzählungen tritt E.T.A. Hoffmann einer breiten Leserschaft so unbekannt wie nuanciert gegenüber, so rätselhaft wie selbstbestimmt in allem Andeuten und erklärungslos Belassen. Mit großem Vergnügen habe ich die »Kreisleriana« einst gelesen, um mich über meinen eigenen Kummer mit verschiedenen Arten von Publikum hinwegzutrösten. Wie Hoffmann hier die Not schildert, die allen Künsten gemein ist, nämlich die Bindung an das Publikum und der dadurch zwangsläufig auftretende Konflikt, hat nichts Zartes oder Blauäugiges. Es ist tatsächliche Not, die ständiger Quell von Frustrationen, aber natürlich auch notwendige Auseinandersetzung bleibt, ohne die Kunst ungehört, ungesehen, ungekannt vergeht. »Die Automate« ist ein Mechanik gewordenes Rätsel für einen Musiker und einen Dichter – übrigens bei Hoffmann immer Berufe, die besondere Sensibilitäten, aber vor allem weite Fähigkeiten besitzen und nicht die heutige »Verbannung« auf Inseln lebenslänglicher Harmlosigkeit und gesellschaftlicher Irrelevanz vorahnen lassen. Ein besonderes Konzert, eines das beschrieben wird wie ein orpheisches »Revival«, bei dem die Natur sich ganz belebt, weckt den Gedanken, dass alles ein Träumen und Täuschen wird. Und es ist eine Erzählung, die einen selbstbewussten Erzähler aufzeigt, der Fragen bestehen lässt und dem Rätsel Raum gibt. »Der Magnetiseur« reagiert auf Entdeckungen und physikalische Forschungen seiner Zeit wie Elektrizität, Gravitation und Magnetismus und ist vergleichbar mit Texten Clemens Setz' oder mancher Netflix-Serie heutzutage, die aktuelles Geschehen mit allen Fragen und Potenzen zum Inhalt nehmen.

Überhaupt muss das Lesen der Texte Hoffmanns auch seinen Zeitgenossen viel Vergnügen bereitet haben, waren doch einige Schriften Bestseller ihrer Zeit, die durch belletristische Lektüre die Welt anschaulicher machten, sie nicht erklärten, sondern: poetisierten. Für mich als in Bamberg Lebende ist der Autor, Komponist, Zeichner und Kritiker Hoffmann gegenwärtig, und das Gedächtnis an ihn ist eines, das viele Formen gefunden hat. Der große Kulturpreis der Stadt etwa ist nach dem Künstler, der Preis des örtlichen Kunstvereins ist – noch etwas cleverer – nach seinem sprechenden Hund »Berganza« benannt, der ja der weise Gesprächspartner des Kapellmeisters Kreislers und damit des Hoffmann'schen Alter Egos ist.

Was will ich Ihnen also mitgeben zur Lektüre dieser drei den Kosmos Hoffmann komplettierenden Geschichten? Lauschen Sie den Hunden! Bleiben Sie widerständig und reagieren Sie schnell, will einer an Ihr Glück mit Magneten oder Alptraummechanik, und nutzen Sie dies Buch – ganz im »Hitchhiker-Sinne« –, sich auf einen Besuch in E.T.A. Hoffmanns Welten vorzubereiten!

Ihn finden Sie wohl im siebten Haus zur Stunde, in der Jupiter auf Mars zugeht, und vielleicht steht ja ausgerechnet dieser Autor auch in Ihren Sternen?

Nora Gomringer

»So stark ist der Zauber
der Musik, und, immer
mächtiger werdend, mußte
er jede Fessel einer andern
Kunst zerreißen.«

Kreis-leriana I

Wo ist er her? – Niemand weiß es! – Wer waren seine Eltern? – Es ist unbekannt! – Wessen Schüler ist er? – Eines guten Meisters, denn er spielt vortrefflich, und da er Verstand und Bildung hat, kann man ihn wohl dulden, ja ihm sogar den Unterricht in der Musik verstatten. Und er ist wirklich und wahrhaftig Kapellmeister gewesen, setzen die diplomatischen Personen hinzu, denen er einmal in guter Laune eine von der Direktion des …r Hoftheaters ausgestellte Urkunde vorwies, in welcher er, der Kapellmeister Johannes Kreisler, bloß deshalb seines Amtes entlassen wurde, weil er standhaft verweigert hatte, eine Oper, die der Hofpoet gedichtet, in Musik zu setzen; auch mehrmals an der öffentlichen Wirtstafel von dem Primo Huomo verächtlich gesprochen und ein junges Mädchen, die er im Gesange unterrichtet, der Prima Donna in ganz ausschweifenden, wiewohl unverständlichen Redensarten vorzuziehen getrachtet; jedoch solle er den Titel als Fürstlich …r Kapellmeister beibehalten, ja sogar zurückkehren dürfen, wenn er gewisse Eigenheiten und lächerliche Vorurteile, zum Beispiel daß die wahre italienische Musik verschwunden sei und so weiter gänzlich abgelegt, und an die Vortrefflichkeit des Hofpoeten, der allgemein für den zweiten Metastasio anerkannt, willig glaube. – Die Freunde behaupteten: die Natur habe bei seiner Organisation ein neues Rezept versucht und der Versuch sei mißlungen, indem seinem überreizbaren Gemüte, seiner bis zur zerstörenden Flamme aufglühenden Phantasie zu wenig

Phlegma beigemischt und so das Gleichgewicht zerstört worden, das dem Künstler durchaus nötig sei, um mit der Welt zu leben und ihr Werke zu dichten, wie sie dieselben, selbst im höhern Sinn, eigentlich brauche. Dem sei wie ihm wolle – genug, Johannes wurde von seinen innern Erscheinungen und Träumen, wie auf einem ewig wogenden Meer dahin – dorthin getrieben, und er schien vergebens den Port zu suchen, der ihm endlich *die* Ruhe und Heiterkeit geben sollte, ohne welche der Künstler nichts zu schaffen vermag. So kam es denn auch, daß die Freunde es nicht dahin bringen konnten, daß er eine Komposition aufschrieb, oder, wirklich aufgeschrieben, unvernichtet ließ. Zuweilen komponierte er zur Nachtzeit in der aufgeregtesten Stimmung – er weckte den Freund, der neben ihm wohnte, um ihm alles in der höchsten Begeisterung vorzuspielen, was er in unglaublicher Schnelle aufgeschrieben – er vergoß Tränen der Freude über das gelungene Werk – er pries sich selbst als den glücklichsten Menschen, aber den andern Tag – lag die herrliche Komposition im Feuer. – Der Gesang wirkte beinahe verderblich auf ihn, weil seine Phantasie dann überreizt wurde und sein Geist in ein Reich entwich, wohin ihm niemand ohne Gefahr folgen konnte; dagegen gefiel er sich oft darin, stundenlang auf dem Flügel die seltsamsten Themas in zierlichen kontrapunktischen Wendungen und Nachahmungen, in den kunstreichsten Passagen auszuarbeiten. War ihm das einmal recht gelungen, so befand er sich mehrere Tage hindurch in heiterer Stimmung, und eine gewisse schalkhafte Ironie würzte das Gespräch, womit er den kleinen gemütlichen Zirkel seiner Freunde erfreute.

Auf einmal war er, man wußte nicht wie und warum, verschwunden. Viele behaupteten, Spuren des Wahnsinns an ihm bemerkt zu haben, und wirklich hatte man ihn mit zwei übereinander gestülpten Hüten und zwei Rastralen, wie Dolche in den roten Leibgürtel gesteckt, lustig singend zum Tore hinaus hüpfen gesehen, wiewohl seine näheren Freunde nichts Besonderes bemerkt, da ihm gewaltsame Ausbrüche, von irgend einem innern Gram erzeugt, auch schon sonst eigen gewesen. Als nun alle Nachforschungen, wo er geblieben, vergebens, und die Freunde sich über seinen kleinen Nachlaß an Musikalien und anderen Schriften berieten, erschien das Fräulein von B. und erklärte, wie nur *ihr* allein es zukomme, diesen Nachlaß ihrem lieben Meister und Freunde, den sie keineswegs verloren glaube, zu bewahren. Ihr übergaben mit freudigem Willen die Freunde alles, was sie vorgefunden, und als sich auf den weißen Rückseiten mehrerer Notenblätter kleine, größtenteils humoristische Aufsätze, in günstigen Augenblicken mit Bleistift schnell hingeworfen, befanden, erlaubte die treue Schülerin des unglücklichen Johannes dem treuen Freunde, Abschrift davon zu nehmen, und sie als anspruchslose Erzeugnisse einer augenblicklichen Anregung mitzuteilen.

1 Johannes Kreislers, des Kapellmeisters, musikalische Leiden

Sie sind alle fortgegangen. – Ich hätt es an dem Zischeln, Scharren, Räuspern, Brummen durch alle Tonarten bemerken können; es war ein wahres Bienennest, das vom Stocke abzieht, um zu schwärmen. Gottlieb hat mir neue Lichter aufgesteckt und eine Flasche Burgunder auf das Fortepiano hingestellt. Spielen kann ich nicht mehr, denn ich bin ganz ermattet; daran ist mein alter herrlicher Freund hier auf dem Notenpulte schuld, der mich schon wieder einmal, wie Mephistopheles den Faust auf seinem Mantel, durch die Lüfte getragen hat, und so hoch, daß ich die Menschlein unter mir nicht sah und merkte, unerachtet sie tollen Lärm genug gemacht haben mögen. – Ein hundsföttischer, nichtswürdig vergeudeter Abend! Aber jetzt ist mir wohl und leicht. – Hab ich doch gar während des Spielens meinen Bleistift hervorgezogen, und Seite 63 unter dem letzten System ein paar gute Ausweichungen in Ziffern notiert mit der rechten Hand, während die Linke im Strome der Töne fortarbeitete! Hinten auf der leeren Seite fahr ich schreibend fort. Ich verlasse Ziffern und Töne, und mit wahrer Lust, wie der genesene Kranke, der nun nicht aufhören kann zu erzählen, was er gelitten, notiere ich hier umständlich die höllischen Qualen des heutigen Tees. Aber nicht für mich allein, sondern für alle, die sich hier zuweilen an meinem Exemplar der Johann Sebastian Bachschen Variationen für das Klavier, erschienen bei Nägeli in Zürch, ergötzen und erbauen, bei dem Schluß der dreißigsten Variation meine Ziffern finden, und, geleitet von dem großen lateinischen Verte (ich schreib es gleich hin, wenn meine Klageschrift zu Ende ist), das Blatt umwenden und lesen. Diese erraten gleich den wahren Zusammenhang; sie wissen, daß der Geheime Rat Röderlein hier ein ganz charmantes Haus macht, und zwei Töchter hat, von denen die ganze elegante Welt mit Enthusiasmus behauptet, sie tanzten wie die Göttinnen, sprächen französisch wie die Engel, und spielten und sängen und zeichneten wie die Musen. Der Geheime Rat Röderlein ist ein reicher Mann; er führt bei seinen vierteljährigen Dînés die schönsten Weine, die feinsten Speisen, alles ist auf den elegantesten Fuß eingerichtet, und wer sich bei seinen Tees nicht himmlisch amüsiert, hat keinen Ton, keinen Geist, und vornehmlich keinen Sinn für die Kunst. Auf diese ist es nämlich auch abgesehen; neben dem Tee, Punsch, Wein, Gefrornen etc. wird auch immer etwas Musik präsentiert, die von der schönen Welt ganz gemütlich so wie jenes eingenommen wird. Die Einrichtung ist so: nachdem jeder Gast Zeit genug gehabt hat, eine beliebige Zahl Tassen Tee zu trinken, und nachdem zweimal Punsch und Gefrornes herumgegeben worden ist, rücken die Bedienten die Spieltische heran für den älteren, solideren Teil der Gesellschaft, der dem musikalischen das Spiel mit Karten vorzieht, welches auch in der Tat nicht solchen unnützen Lärm macht und wo nur einiges Geld erklingt. – Auf dies Zeichen schießt der jüngere Teil der Gesellschaft auf die Fräuleins Röderlein zu; es entsteht ein Tumult, in dem man die Worte unterscheidet: »Schönes Fräulein, versagen Sie uns nicht den Genuß Ihres himmlischen Talents« – »o singe etwas, meine Gute«. – »Nicht möglich« – »Katarrh« – »der letzte Ball« – »nichts eingeübt. « – »O bitte, bitte – wir flehen« etc. Gottlieb hat unterdessen den Flügel geöffnet und das Pult mit dem wohlbekannten Notenbuche beschwert. Vom Spieltisch herüber ruft die gnädige Mama: »Chantez donc, mes enfants!« Das ist das Stichwort *meiner* Rolle; ich stelle mich an den Flügel und im Triumph werden die Röderleins an das Instrument geführt. Nun entsteht wieder eine Differenz: keine will zuerst singen. »Du weißt, liebe Nanette, wie entsetzlich heiser ich bin.« – »Bin ich es denn weniger, liebe Marie?« – »Ich singe so schlecht.« – »O Liebe, fange nur an etc.« Mein Einfall, (ich habe ihn jedesmal!), beide möchten mit einem Duo anfangen, wird gewaltig beklatscht, das Buch durchblättert, das sorgfältig eingeschlagene Blatt endlich gefunden, und nun geht's los: »Dolce dell' anima« etc. – Das Talent der Fräulein Röderlein ist wirklich nicht das geringste. Ich bin nun fünf Jahre hier und viertehalb Jahre im Röderleinschen Hause Lehrer; für diese kurze Zeit hat es Fräulein Nanette dahin gebracht, daß sie eine Melodie, die sie nur zehnmal im Theater gehört und am Klavier dann höchstens noch zehnmal durchprobiert hat, so wegsingt, daß man gleich weiß, was es sein soll. Fräulein Marie faßt es schon beim achten Mal, und wenn sie öfters einen Viertelston tiefer steht als das Piano, so ist das bei solch niedlichem Gesichtlein und den ganz leidlichen Rosenlippen am Ende wohl zu ertragen. – Nach dem Duett allgemeiner Beifallschorus! Nun wechseln Arietten und Duettinos, und ich hämmere das tausendmal geleierte Akkompagnement frisch darauflos. Während des Gesanges hat die Finanzrätin Eberstein durch Räuspern und leises Mitsingen zu verstehen gegeben: ich singe auch. Fräulein Nanette spricht: »Aber liebe Finanzrätin, nun mußt du uns auch deine göttliche Stimme hören lassen.« Es entsteht ein neuer Tumult. Sie hat den Katarrh – sie kann nichts auswendig! – Gottlieb bringt zwei Arme voll Musikalien herangeschleppt: da wird geblättert und geblättert. Erst will sie singen: »Der Hölle Rache« etc. dann: »Hebe, sieh« etc. dann: »Ach ich liebte« etc. In der Angst schlage ich vor: »Ein Veilchen auf der Wiese« etc. Aber sie ist fürs große Genre, sie will sich zeigen, es bleibt bei der Konstanze. – O schreie du, quieke, miaue, gurgle, stöhne, ächze, tremuliere, quinkeliere nur recht munter: ich habe den Fortissimozug getreten und orgle mich taub. – O Satan, Satan! welcher deiner höllischen Geister ist in diese Kehle gefahren, der alle Töne zwickt und zwängt und zerrt. Vier Saiten sind schon gesprungen, ein Hammer ist invalid. Meine Ohren gellen, mein Kopf dröhnt, meine Nerven zittern. Sind denn alle unreine Töne kreischender Marktschreier-Trompeten in diesen kleinen Hals gebannt? – Das hat mich angegriffen – ich trinke ein Glas Burgunder! – Man applaudierte unbändig, und jemand bemerkte, die Finanzrätin und Mozart hätten mich sehr ins Feuer gesetzt. Ich lächelte mit niedergeschlagenen Augen, recht dumm, wie ich wohl merkte. Nun erst regen sich alle

Talente, bisher im Verborgenen blühend, und fahren wild durcheinander. Es werden musikalische Exzesse beschlossen: Ensembles, Finalen, Chöre sollen aufgeführt werden. Der Kanonikus Kratzer singt bekanntlich einen himmlischen Baß, wie der Tituskopf dort bemerkt, der selbst bescheiden anführt, er sei eigentlich nur ein zweiter Tenor, aber freilich Mitglied mehrerer Singe-Akademien. Schnell wird alles zum ersten Chor aus dem »Titus« organisiert. Das ging ganz herrlich! Der Kanonikus, dicht hinter mir stehend, donnerte über meinem Haupte den Baß, als säng er mit obligaten Trompeten und Pauken in der Domkirche; er traf die Noten herrlich, nur das Tempo nahm er in der Eil fast noch einmal so langsam. Aber treu blieb er sich wenigstens insofern, daß er durchs ganze Stück immer einen halben Takt nachschleppte. Die übrigen äußerten einen entschiedenen Hang zur antiken griechischen Musik, die bekanntlich, die Harmonie nicht kennend, im Unisono ging: sie sangen alle die Oberstimme mit kleinen Varianten aus zufälligen Erhöhungen und Erniedrigungen, etwa um einen Viertelston. – Diese etwas geräuschvolle Produktion erregte eine allgemeine tragische Spannung, nämlich einiges Entsetzen, sogar an den Spieltischen, die für den Moment nicht so wie zuvor melodramatisch mitwirken konnten durch in die Musik eingeflochtene deklamatorische Sätze: zum Beispiel: »Ach ich liebte« – »achtundvierzig« – »war so glücklich« – »ich passe« – »kannte nicht« – »Whist« – »der Liebe Schmerz« – »in der Farbe« etc. – Es nahm sich recht artig aus. – (Ich schenke mir ein.) Das war die höchste Spitze der heutigen musikalischen Exposition: nun ist's aus! So dacht ich, schlug das Buch zu und stand auf. Da tritt der Baron, mein antiker Tenorist, auf mich zu und sagt: »O bester Herr Kapellmeister, Sie sollen ganz himmlisch phantasieren; o phantasieren Sie uns doch eins! nur ein wenig! ich bitte!« Ich versetzte ganz trocken, die Phantasie sei mir heute rein ausgegangen; und indem wir so darüber sprechen, hat ein Teufel in der Gestalt eines Elegants mit zwei Westen im Nebenzimmer unter meinem Hut die Bachschen Variationen ausgewittert; der denkt, es sind so Variatiönchen: »Nel cor mi non più sento – »Ah, vous dirai-je, maman« etc. und will haben, ich soll darauf losspielen. Ich weigere mich: da fallen sie alle über mich her. Nun, so hört zu und berstet vor Langweile, denk ich, und arbeite drauf los. Bei Numero 3 entfernten sich mehrere Damen, verfolgt von Tituskäpfen. Die Röderleins, weil der Lehrer spielte, hielten nicht ohne Qual aus bis Numero 12. Numero 15 schlug den Zweiwesten-Mann in die Flucht. Aus ganz übertriebener Höflichkeit blieb der Baron bis Numero 30 und trank bloß viel Punsch aus, den Gottlieb für mich auf den Flügel stellte. Ich hätte glücklich geendet, aber diese Numero 30, das Thema riß mich unaufhaltsam fort. Die Quartblätter dehnten sich plötzlich aus zu einem Riesenfolio, wo tausend Imitationen und Ausführungen jenes Themas geschrieben standen, die ich abspielen mußte. Die Noten wurden lebendig und flimmerten und hüpften um mich her – elektrisches Feuer fuhr durch die Fingerspitzen in die Tasten – der Geist, von dem es ausströmte, überflügelte die Gedanken – der ganze Saal hing voll dichten Dufts, in dem die Kerzen düstrer und düstrer brannten – zuweilen sah eine Nase heraus, zuweilen ein paar Augen: aber sie verschwanden gleich wieder. So kam es, daß ich allein sitzen blieb mit meinem Sebastian Bach, und von Gottlieb, wie von einem spiritu familiari bedient wurde! – Ich trinke! – Soll man denn ehrliche Musiker so quälen mit Musik, wie ich heute gequält worden bin und so oft gequält werde? Wahrhaftig, mit keiner Kunst wird so viel verdammter Mißbrauch getrieben, als mit der herrlichen, heiligen

Musika, die in ihrem zarten Wesen so leicht entweiht wird! Habt ihr wahres Talent, wahren Kunstsinn: gut, so lernt Musik, leistet was der Kunst Würdiges, und gebt dem Geweihten euer Talent hin im rechten Maß. Wollt ihr ohne das quinkelieren: nun, so tut's für euch und unter euch, und quält nicht damit den Kapellmeister Kreisler und andere. – Nun könnte ich nach Hause gehen und meine neue Klavier-Sonate vollenden; aber es ist noch nicht eilf Uhr und eine schöne Sommernacht. Ich wette, neben mir beim Oberjägermeister sitzen die Mädchen am offnen Fenster und schreien mit kreischender, gellender, durchbohrender Stimme zwanzigmal: »Wenn mir dein Auge strahlet« – aber immer nur die erste Strophe, in die Straße hinein. Schrägüber martert einer die Flöte und hat dabei Lungen wie Rameaus Neffe, und in langen, langen Tönen macht der Nachbar Hornist akustische Versuche. Die zahlreichen Hunde der Gegend werden unruhig, und meines Hauswirts Kater, aufgeregt durch jenes süße Duett, macht dicht neben meinem Fenster (es versteht sich, daß mein musikalisch-poetisches Laboratorium ein Dachstübchen ist) der Nachbarskatze, in die er seit dem März verliebt ist, die chromatische Skala hinauf jammernd, zärtliche Geständnisse. Nach eilf Uhr wird es ruhiger; so lange bleib ich sitzen, da ohnedies noch weißes Papier und Burgunder vorhanden, von dem ich gleich etwas genieße. – Es gibt, wie ich gehört habe, ein altes Gesetz, welches lärmenden Handwerkern verbietet, neben Gelehrten zu wohnen: sollten denn arme, bedrängte Komponisten, die noch dazu aus ihrer Begeisterung Gold münzen müssen, um ihren Lebensfaden weiter zu spinnen, nicht jenes Gesetz auf sich anwenden und die Schreihälse und Dudler aus ihrer Nähe verbannen können? Was würde der Maler sagen, dem man, indem er ein Ideal malte, lauter heterogene Fratzengesichter vorhalten wollte! Schlösse er die Augen, so würde er wenigstens ungestört das Bild in der Phantasie fortsetzen. Baumwolle in den Ohren hilft nicht, man hört doch den Mordspektakel; und dann die Idee, schon die Idee: jetzt singen sie – jetzt kommt das Horn etc. der Teufel holt die sublimsten Gedanken! – Das Blatt ist richtig vollgeschrieben; auf dem vom Titel umgeschlagenen weißen Streifen will ich nur noch bemerken, warum ich hundertmal es mir vornahm, mich nicht mehr bei dem Geheimen Rat quälen zu lassen, und warum ich hundertmal meinen Vorsatz brach. – Freilich ist es Röderleins herrliche Nichte, die mich mit Banden an dies Haus fesselt, welche die Kunst geknüpft hat. Wer einmal so glücklich war, die Schlußszene der Gluckschen »Armida«, oder die große Szene der Donna Anna im »Don Giovanni« von Fräulein Amalien zu hören, der wird begreifen, daß eine Stunde mit ihr am Piano Himmelsbalsam in die Wunden gießt, welche alle Mißtöne des ganzen Tages mir gequältem musikalischen Schulmeister schlugen. Röderlein, welcher weder an die Unsterblichkeit der Seele noch an den Takt glaubt, hält sie für gänzlich unbrauchbar für die höhere Existenz in der Teegesellschaft, da sie in dieser durchaus nicht singen will, und denn doch wieder vor ganz gemeinen Leuten, zum Beispiel simplen Musikern, mit einer Anstrengung singt, die ihr gar nicht einmal taugt: denn ihre langen, gehaltenen, schwellenden Harmonika-Töne, welche mich in den Himmel tragen, hat sie, wie Röderlein meint, offenbar der Nachtigall abgehorcht, die eine unvernünftige Kreatur ist, nur in Wäldern lebt, und von dem Menschen, dem vernünftigen Herrn der Schöpfung, nicht nachgeahmt werden darf. Sie treibt ihre Rücksichtslosigkeit so weit, daß sie sich zuweilen sogar von Gottlieb auf der Violine akkompagnieren läßt, wenn sie Beethovensche oder Mozartsche Sonaten, aus denen kein Teeherr und Whistiker klug werden kann, auf dem Piano spielt. – Das war das letzte Glas Burgunder. – Gottlieb putzt mir die Lichter und scheint sich zu wundern über mein emsiges Schreiben. – Man hat ganz recht, wenn man diesen Gottlieb erst sechzehn Jahr alt schätzt. Das ist ein herrliches, tiefes Talent. Warum starb aber auch der Papa Torschreiber so früh; und mußte denn der Vormund den Jungen in die Livrei stecken? – Als Rode hier war, lauschte Gottlieb im Vorzimmer, das Ohr an die Saaltüre gedrückt, und spielte ganze Nächte; am Tage ging er sinnend, träumend umher, und der rote Fleck am linken Backen ist ein treuer Abdruck des Solitärs am Finger der Röderleinschen Hand, die, wie man durch sanftes Streicheln den somnambülen Zustand hervorbringt, durch starkes Schlagen ganz richtig entgegengesetzt wirken wollte. Nebst andern Sachen habe ich ihm die Sonaten von Corelli gegeben; da hat er unter den Mäusen in dem alten Oesterleinschen Flügel auf dem Boden gewütet, bis keine mehr lebte, und mit Röderleins Erlaubnis auch das Instrument auf sein kleines Stübchen translociert. – »Wirf ihn ab, den verhaßten Bedientenrock, ehrlicher Gottlieb! und laß mich nach Jahren dich als den wackern Künstler an mein Herz drücken, der du werden kannst mit deinem herrlichen Talent, mit deinem tiefen Kunstsinn!« – Gottlieb stand hinter mir und wischte sich die Tränen aus den Augen, als ich diese Worte laut aussprach. – Ich drückte ihm schweigend die Hand, wir gingen hinauf und spielten die Sonaten von Corelli.

2 Ombra adorata!*

Wie ist doch die Musik so etwas höchst Wunderbares, wie wenig vermag doch der Mensch ihre tiefen Geheimnisse zu ergründen! – Aber wohnt sie nicht in der Brust des Menschen

* Wer kennt nicht Crescentinis herrliche Arie »Ombra adorata«, die er zu der Oper »Romeo e Giulietta« von Zingarelli komponierte und mit ganz eigenem Vortrage sang.

selbst und erfüllt sein Inneres so mit ihren holdseligen Erscheinungen, daß sein ganzer Sinn sich ihnen zuwendet und ein neues verklärtes Leben ihn schon hienieden dem Drange, der niederdrückenden Qual des Irdischen entreißt? – Ja, eine göttliche Kraft durchdringt ihn, und mit kindlichem frommen Gemüte sich *dem* hingebend, was der Geist in ihm erregt, vermag er die Sprache jenes unbekannten romantischen Geisterreichs zu reden, und er ruft, unbewußt, wie der Lehrling, der in des Meisters Zauberbuch mit lauter Stimme gelesen, alle die herrlichen Erscheinungen aus seinem Innern hervor, daß sie in strahlenden Reihentänzen das Leben durchfliegen und jeden, der sie zu schauen vermag, mit unendlicher, unnennbarer Sehnsucht erfüllen.

Wie war meine Brust so beengt, als ich in den Konzertsaal trat. Wie war ich so gebeugt von dem Drucke aller der nichtswürdigen Erbärmlichkeiten, die wie giftiges stechendes Ungeziefer den Menschen und wohl vorzüglich den Künstler in diesem armseligen Leben verfolgen und peinigen, daß er oft dieser ewig prickelnden Qual den gewaltsamen Stoß vorziehen würde, der ihn diesem und jedem andern irdischen Schmerze auf immer entzieht. – Du verstandest den wehmütigen Blick, den ich auf dich warf, mein treuer Freund! und hundertfältig sei es dir gedankt, daß du meinen Platz am Flügel einnahmst, indem ich mich in dem äußersten Winkel des Saals zu verbergen suchte. Welchen Vorwand hattest du denn gefunden, wie war es dir denn gelungen, daß nicht Beethovens große Sinfonie in c-Moll, sondern nur eine kurze unbedeutende Ouvertüre irgend eines noch nicht zur Meisterschaft gelangten Komponisten aufgeführt wurde? – Auch dafür sei dir Dank gesagt aus dem Innersten meines Herzens. – Was wäre aus mir geworden, wenn, beinahe erdrückt von all dem irdischen Elend, das rastlos auf mich einstürmte seit kurzer Zeit, nun Beethovens gewaltiger Geist auf mich zugeschritten wäre, und mich wie mit metallnen, glühenden Armen umfaßt und fortgerissen hätte in das Reich des Ungeheuern, des Unermeßlichen, das sich seinen donnernden Tönen erschließt. – Als die Ouvertüre in allerlei kindischem Jubel mit Pauken und Trompeten geschlossen hatte, entstand eine stille Pause, als erwarte man etwas recht Wichtiges. Das tat mir wohl, ich schloß die Augen, und indem ich in meinem Innern angenehmere Erscheinungen suchte, als die waren, die mich eben umgaben, vergaß ich das Konzert und mit ihm natürlicherweise auch seine ganze Einrichtung, die mir bekannt gewesen, da ich an den Flügel sollte. – Ziemlich lange mochte die Pause gedauert haben, als endlich das Ritornell einer Arie anfing. Es war sehr zart gehalten und schien in einfachen aber tief in das Innerste dringenden Tönen von der Sehnsucht zu reden, in der sich das fromme Gemüt zum Himmel aufschwingt und alles Geliebte wiederfindet, was ihm hienieden entrissen. – Nun strahlte wie ein himmlisches Licht die glockenhelle Stimme eines Frauenzimmers aus dem Orchester empor:

»Tranquillo io sono, fra poco teco sarò mia vita!«

Wer vermag die Empfindung zu beschreiben, die mich durchdrang! – Wie löste sich der Schmerz, der in meinem Innern nagte, auf in wehmütige Sehnsucht, die himmlischen Balsam in alle Wunden goß. – Alles war vergessen, und ich horchte nur entzückt auf die Töne, die wie aus einer andern Welt niedersteigend mich tröstend umfingen.

Ebenso einfach wie das Rezitativ ist das Thema der folgenden Arie: »Ombra adorata«, gehalten; aber ebenso seelenvoll, ebenso in das Innerste dringend spricht es den

Zustand des Gemüts aus, das von der seligen Hoffnung, in einer höheren besseren Welt bald alles ihm Verheißene erfüllt zu sehen, sich über den irdischen Schmerz hinwegschwingt. – Wie reiht sich in dieser einfachen Komposition alles so kunstlos, so natürlich aneinander; nur in der Tonika und in der Dominante bewegen sich die Sätze, keine grelle Ausweichung, keine gesuchte Figur, der Gesang fließt dahin wie ein silberheller Strom zwischen leuchtenden Blumen. Aber ist dies nicht eben der geheimnisvolle Zauber, der dem Meister zu Gebote stand, daß er der einfachsten Melodie, der kunstlosesten Struktur, diese unbeschreibliche Macht der unwiderstehlichsten Wirkung auf jedes empfängliche Gemüt zu geben vermochte? In den wundervoll hell und klar tönenden Melismen fliegt die Seele mit raschem Fittig durch die glänzenden Wolken – es ist der jauchzende Jubel verklärter Geister. – Die Komposition verlangt wie jede, die so tief im Innern von dem Meister gefühlt wurde, auch tief aufgefaßt und mit dem Gemüt, ich möchte sagen mit der rein ausgesprochenen Ahnung des Übersinnlichen, wie die Melodie es in sich trägt, vorgetragen zu werden. Auch wurde, wie der Genius des italienischen Gesanges es verlangt, sowohl in dem Rezitativ als in der Arie auf gewisse Verzierungen gerechnet; aber ist es nicht schön, daß wie durch eine Tradition die Art, wie der Komponist, der hohe Meister des Gesanges, Crescentini, die Arie vortrug und verzierte, fortgepflanzt wird, so daß es wohl niemand wagen dürfte, ungestraft wenigstens fremdartige Schnörkel hineinzubringen? – Wie verständig, wie das Ganze belebend hat Crescentini diese zufälligen Verzierungen angebracht – sie sind der glänzende Schmuck, welcher der Geliebten holdes Antlitz verschönert, daß die Augen heller strahlen und höherer Purpur Lippe und Wangen färbt.

Aber was soll ich von dir sagen, du herrliche Sängerin! – Mit dem glühenden Enthusiasmus der Italiener rufe ich dir zu: »Du von dem Himmel Gesegnete!«* Denn wohl ist es der Segen des Himmels, der deinem frommen, innigen Gemüte vergönnt, das im Innersten Empfundene hell und herrlich klingend ertönen zu lassen. – Wie holde Geister haben mich deine Töne umfangen, und jeder sprach: »Richte dein Haupt auf, du Gebeugter! Ziehe mit uns, ziehe mit uns in das ferne Land, wo der Schmerz keine blutende Wunde mehr schlägt, sondern die Brust, wie im höchsten Entzücken mit unnennbarer Sehnsucht erfüllt!«

* Unserer deutschen Sängerin Häser, die sich nun leider der Kunst ganz entzogen, riefen die Italiener zu: »Che sei benedetta dal cielo!«

Ich werde dich nie mehr hören; aber wenn die Nichtswürdigkeit auf mich zutritt und, mich für ihresgleichen haltend, den Kampf des Gemeinen mit mir bestehen, wenn die Albernheit mich betäuben, des Pöbels ekelhafter Hohn mich mit giftigem Stachel verletzen will, dann wird in *deinen* Tönen mir eine tröstende Geisterstimme zulispeln:

»Tranquillo io sono; fra poco, teco sarò mia vita!«

In einer nie gefühlten Begeisterung erhebe ich mich dann mächtigen Fluges über die Schmach des Irdischen; alle Töne, die in der wunden Brust im Blute des Schmerzes erstarrt, leben auf, und bewegen und regen sich und sprühen wie funkelnde Salamander blitzend empor; und ich vermag sie zu fassen, zu binden, daß sie wie in einer Feuergarbe zusammenhaltend zum flammenden Bilde werden, das deinen Gesang – dich – verklärt und verherrlicht.

3 Gedanken über den hohen Wert der Musik

Es ist nicht zu leugnen, daß in neuerer Zeit, dem Himmel sei's gedankt! der Geschmack an der Musik sich immer mehr verbreitet, so daß es jetzt gewissermaßen zur guten Erziehung gehört, die Kinder auch Musik lehren zu lassen, weshalb man denn in jedem Hause, das nur irgend etwas bedeuten will, ein Klavier, wenigstens eine Guitarre findet. Nur wenige Verächter der gewiß schönen Kunst gibt es noch hie und da, und diesen eine tüchtige Lektion zu geben, das ist jetzt mein Vorsatz und Beruf.

Der Zweck der Kunst überhaupt ist doch kein anderer, als, dem Menschen eine angenehme Unterhaltung zu verschaffen, und ihn so von den ernstern, oder vielmehr den einzigen ihm anständigen Geschäften, nämlich solchen, die ihm Brot und Ehre im Staat erwerben, auf eine angenehme Art zu zerstreuen, so daß er nachher mit gedoppelter Aufmerksamkeit und Anstrengung zu dem eigentlichen Zweck seines Daseins zurückkehren, das heißt ein tüchtiges Kammrad in der Walkmühle des Staats sein und (ich bleibe in der Metapher) haspeln und sich trillen lassen kann. Nun ist aber keine Kunst zur Erreichung dieses Zwecks tauglicher, als die Musik. Das Lesen eines Romans oder Gedichts, sollte auch die Wahl so glücklich ausfallen, daß es durchaus nichts phantastisch Abgeschmacktes, wie mehrere der allerneuesten, enthält, und also die Phantasie, die eigentlich der schlimmste und mit aller Macht zu ertötende Teil unserer Erbsünde ist, nicht im mindesten anregt – dieses Lesen, meine ich, hat doch das Unangenehme, daß man gewissermaßen genötigt wird, an das zu denken, was man liest: dies ist aber offenbar dem Zweck der Zerstreuung entgegen. Dasselbe gilt von dem Vorlesen in *der* Art, daß, die Aufmerksamkeit ganz davon abwendend, man sehr leicht einschläft, oder in ernste Gedanken sich vertieft, die, nach der von jedem ordentlichen Geschäftsmanne zu beobachtenden Geistesdiät, zyklisch eine Weile ruhen müssen. Das Beschauen eines Gemäldes kann nur sehr kurz dauern: denn das Interesse ist ja doch verloren, sobald man erraten hat, was es vorstellen soll. – Was nun aber die Musik betrifft, so können nur jene heillosen Verächter dieser edeln Kunst leugnen, daß eine gelungene Komposition, das heißt eine solche, die sich gehörig in Schranken hält und eine angenehme Melodie nach der andern folgen läßt, ohne zu toben oder sich in allerlei kontrapunktischen Gängen und Auflösungen närrisch zu gebärden, einen wunderbar bequemen Reiz verursacht, bei dem man des Denkens ganz überhoben ist, oder der doch keinen ernsten Gedanken aufkommen, sondern mehrere ganz leichte, angenehme – von denen man nicht einmal sich bewußt wird, was sie eigentlich enthalten, gar lustig wechseln läßt. Man kann aber weiter gehen und fragen: wem ist es verwehrt, auch während der Musik mit dem Nachbar ein Gespräch über allerlei Gegenstände der politischen und moralischen Welt anzuknüpfen, und so einen doppelten Zweck auf eine angenehme Weise zu erreichen? Im Gegenteil ist dies gar sehr anzuraten, da die Musik, wie man in allen Konzerten und musikalischen Zirkeln zu bemerken Gelegenheit haben wird, das Sprechen ungemein erleichtert. In den Pausen ist alles still, aber mit der Musik fängt der Strom der Rede an zu brausen und schwillt mit den Tönen, die hineinfallen, immer mehr und mehr an. Manches Frauenzimmer, deren Rede sonst, nach jenem Ausspruch: »Ja, ja! und Nein, nein!« ist, gerät während der Musik in das übrige, was nach demselben Ausspruch zwar vom Übel sein soll, hier aber offenbar vom Guten ist, da ihr deshalb manchmal ein Liebhaber oder gar ein Ehegemahl, von der Süßigkeit der ungewohnten

Rede berauscht, ins Garn fällt. – Himmel, wie unabsehbar sind die Vorteile einer schönen Musik! – Euch, ihr heillosen Verächter der edlen Kunst, führe ich nun in den häuslichen Zirkel, wo der Vater, müde von den ernsten Geschäften des Tages, im Schlafrock und in Pantoffeln fröhlich und guten Muts zum Murki seines ältesten Sohnes seine Pfeife raucht. Hat das ehrliche Röschen nicht bloß seinetwegen den »Dessauer Marsch« und »Blühe liebes Veilchen« einstudiert, und trägt sie es nicht so schön vor, daß der Mutter die hellen Freudentränen auf den Strumpf fallen, den sie eben stopft? Würde ihm nicht endlich das hoffnungsvolle, aber ängstliche Gequäke des jüngsten Sprößlings beschwerlich fallen, wenn nicht der Klang der lieben Kindermusik das Ganze im Ton und Takt hielte? – Ist dein Sinn aber ganz dieser häuslichen Idylle, dem Triumph der einfachen Natur, verschlossen, so folge mir in jenes Haus mit hellerleuchteten Spiegelfenstern. Du trittst in den Saal; die dampfende Teemaschine ist der Brennpunkt, um den sich die eleganten Herren und Damen bewegen. Spieltische werden gerückt, aber auch der Deckel des Fortepiano fliegt auf, und auch hier dient die Musik zur angenehmen Unterhaltung und Zerstreuung. Gut gewählt, hat sie durchaus nichts Störendes, denn selbst die Kartenspieler, obschon mit etwas Höherem, mit Gewinn und Verlust beschäftigt, dulden sie willig. – Was soll ich endlich von den großen, öffentlichen Konzerten sagen, die die herrlichste Gelegenheit geben, musikalisch begleitet, diesen oder jenen Freund zu sprechen; oder, ist man noch in den Jahren des Übermuts, mit dieser oder jener Dame süße Worte zu wechseln – wozu ja sogar die Musik noch ein schickliches Thema geben kann. Diese Konzerte sind die wahren Zerstreuungsplätze für den Geschäftsmann, und dem Theater sehr vorzuziehen, da dieses zuweilen Vorstellungen gibt, die den Geist unerlaubterweise auf etwas ganz Nichtiges und Unwahres fixieren, so daß man Gefahr läuft, in die Poesie hineinzugeraten, wovor sich denn doch jeder, dem seine bürgerliche Ehre am Herzen liegt, hüten muß! – Kurz, es ist, wie ich gleich anfangs erwähnte, ein entscheidendes Zeichen, wie sehr man jetzt die wahre Tendenz der Musik erkennt, daß sie so fleißig und mit so vielem Ernst getrieben und gelehrt wird. Wie zweckmäßig ist es nicht, daß die Kinder, sollten sie auch nicht das mindeste Talent zur Kunst haben, worauf es ja auch eigentlich gar nicht ankommt, doch zur Musik angehalten werden, um so, wenn sie sonst noch nicht obligat in der Gesellschaft wirken dürfen, doch wenigstens das Ihrige zur Unterhaltung und Zerstreuung beitragen zu können. – Wohl ein glänzender Vorzug der Musik vor jeder andern Kunst ist es auch, daß sie in ihrer Reinheit (ohne Beimischung der Poesie) durchaus moralisch und daher in keinem Fall von schädlichem Einfluß auf die zarte Jugend ist. Jener Polizeidirektor attestierte keck dem Erfinder eines neuen Instruments, daß darin nichts gegen den Staat, die Religion und die guten Sitten enthalten sei; mit derselben Keckheit kann jeder Musikmeister dem Papa und der Mama im voraus versichern, die neue Sonate enthalte nicht einen unmoralischen Gedanken. Werden die Kinder älter, so versteht es sich von selbst, daß sie von der Ausübung der Kunst abstrahieren müssen, da für ernste Männer so etwas sich nicht wohl schicken will, und Damen darüber sehr leicht höhere Pflichten der Gesellschaft etc. versäumen können. Diese genießen dann das Vergnügen der Musik nur passiv, indem sie sich von Kindern oder Künstlern von Profession vorspielen lassen. – Aus der richtig angegebenen Tendenz der Kunst fließt auch von selbst, daß die Künstler, das heißt diejenigen Personen, welche (freilich töricht genug) ihr ganzes Leben einem nur zur Erholung und Zerstreuung dienenden Geschäfte widmen, als ganz untergeordnete Subjekte zu betrachten und nur darum zu dulden sind, weil sie das miscere utili dulce in Ausübung bringen. Kein Mensch von gesundem Verstande und gereiften Einsichten wird den besten Künstler so hoch schätzen, als den wackern Kanzelisten, ja den Handwerksmann, der das Polster stopfte, worauf der Rat in der Schoßstube, oder der Kaufmann im Comptoir sitzt, da hier das Notwendige, dort nur das Angenehme beabsichtigt wird. Wenn man daher mit dem Künstler höflich und freundlich umgeht, so ist das nur eine Folge unserer Kultur und unserer Bonhommie, die uns ja auch mit Kindern, und andern Personen, die Spaß machen, schön tun und tändeln läßt. Manche von diesen unglücklichen Schwärmern sind zu spät aus ihrem Irrtum erwacht und darüber wirklich in einigen Wahnsinn verfallen, welches man aus ihren Äußerungen über die Kunst sehr leicht abnehmen kann. Sie meinen nämlich, die Kunst ließe dem Menschen sein höheres Prinzip ahnen und führe ihn aus dem törichten Tun und Treiben des gemeinen Lebens in den Isistempel, wo die Natur in heiligen, nie gehörten und doch verständlichen Lauten mit ihm spräche. Von der Musik hegen diese Wahnsinnigen nun vollends die wunderlichsten Meinungen; sie nennen sie die romantischste aller Künste, da ihr Vorwurf nur das Unendliche sei; die geheimnisvolle, in Tönen ausgesprochene Sanskritta der Natur, die die Brust des Menschen mit unendlicher Sehnsucht erfülle, und nur in ihr verstehe er das hohe Lied der – Bäume, der Blumen, der Tiere, der Steine, der Gewässer! – Die ganz unnützen Spielereien des Kontrapunkts, die den Zuhörer gar nicht aufheitern und so den eigentlichen Zweck der Musik ganz verfehlen, nennen sie schauerlich geheimnisvolle Kombinationen, und sind imstande, sie mit wunderlich verschlungenen Moosen, Kräutern und Blumen zu vergleichen. Das Talent, oder in der Sprache dieser Toren, der Genius der Musik, glühe, sagen sie, in der Brust des die Kunst übenden und hegenden Menschen, und verzehre ihn, wenn das gemeinere Prinzip den Funken künstlich überbauen oder ableiten wolle, mit unauslöschlichen Flammen. Diejenigen, welche denn doch, wie ich es erst ausgeführt habe, ganz richtig über die wahre Tendenz der Kunst, und der Musik insbesondere, urteilen, nennen sie unwissende Frevler, die ewig von dem Heiligtum des höhern Seins ausgeschlossen bleiben müßten, und beurkunden dadurch ihre Tollheit. Denn ich frage mit Recht: wer ist besser daran, der Staatsbeamte, der Kaufmann, der von seinem Gelde Lebende, der gut ißt und trinkt, gehörig spazieren fährt, und den alle Menschen mit Ehrfurcht grüßen, oder der Künstler, der sich ganz kümmerlich in seiner phantastischen Welt behelfen muß? Zwar behaupten jene Toren, daß es eine ganz besondere Sache um die poetische Erhebung über das Gemeine sei, und manches Entbehren sich dann umwandle in Genuß: allein die Kaiser und Könige im Irrenhause mit der Strohkrone auf dem Haupt sind auch glücklich! Der beste Beweis, daß alle jene Floskeln nichts in sich tragen, sondern nur den innern Vorwurf, nicht nach dem Soliden gestrebt zu haben, beschwichtigen sollen, ist dieser, daß beinahe kein Künstler es aus reiner, freier Wahl wurde, sondern sie entstanden und entstehen noch immer aus der ärmern Klasse. Von unbegüterten, obskuren Eltern, oder wieder von Künstlern geboren, machte sie die Not, die Gelegenheit, der Mangel an Aussicht auf ein Glück in den eigentlichen nützlichen Klassen, zu dem, was sie wurden. Dies wird denn auch jenen Phantasten zum Trotz ewig so bleiben. Sollte nämlich eine begüterte Familie höheren Standes so unglücklich sein, ein Kind zu haben, das ganz besonders zur Kunst organisiert wäre oder das, nach dem lächerlichen Ausdruck jener Wahnwitzigen, den göttlichen Funken, der im Widerstande verzehrend um sich greift, in der Brust trüge; sollte es wirklich ins Phantasieren für Kunst und Künstlerleben geraten: so wird ein guter Erzieher durch eine kluge Geistesdiät, zum Beispiel durch das gänzliche Entziehen aller phantastischen, übertreibenden Kost, (Poesien, und sogenannter starker Kompositionen, von Mozart, Beethoven und so weiter) sowie durch die fleißig wiederholte Vorstellung der ganz subordinierten Tendenz jeder Kunst und des ganz untergeordneten Standes der Künstler ohne allen Rang, Titel und Reichtum, sehr leicht das verirrte junge Subjekt auf den rechten Weg bringen, so daß es am Ende eine rechte Verachtung gegen Kunst und Künstler spürt, die als wahres Remedium gegen jede Exzentrizität nie weit genug getrieben werden kann. – Den armen Künstlern, die noch nicht in den oben beschriebenen Wahnwitz verfallen sind, glaube ich wirklich nicht übel zu raten, wenn ich ihnen, um sich doch nur etwas aus ihrer zwecklosen Tendenz herauszureißen, vorschlage, noch nebenher irgend ein leichtes Handwerk zu erlernen: sie werden gewiß dann schon als nützliche Mitglieder des Staats etwas gelten. Mir hat ein Kenner gesagt, ich hätte eine geschickte Hand zum Pantoffelmachen, und ich bin nicht abgeneigt, mich als Prototypus in die Lehre bei dem hiesigen Pantoffelmachermeister Schnabler, der noch dazu mein Herr Pate ist, zu begeben. – Das überlesend, was ich geschrieben, finde ich den Wahnwitz mancher Musiker sehr treffend geschildert, und mit einem heimlichen Grausen fühle ich mich mit ihnen verwandt. Der Satan raunt mir ins Ohr, daß ihnen manches so redlich Gemeinte wohl gar als heillose Ironie erscheinen könne; allein ich versichere nochmals: gegen euch, ihr Verächter der Musik, die ihr das erbauliche Singen und Spielen der Kinder unnützes Quinkelieren nennt, und die Musik als eine geheimnisvolle, erhabene Kunst nur ihrer würdig hören wollt, gegen euch waren meine Worte gerichtet, und mit ernster Waffe in der Hand habe ich euch bewiesen, daß die Musik eine herrliche, nützliche Erfindung des aufgeweckten Tubalkain sei, welche die Menschen aufheitere, zerstreue, und daß sie so das häusliche Glück, die erhabenste Tendenz jedes kultivierten Menschen, auf eine angenehme, befriedigende Weise befördere.

4 Beethovens Instrumentalmusik

Sollte, wenn von der Musik als einer selbständigen Kunst die Rede ist, nicht immer nur die Instrumentalmusik gemeint sein, welche, jede Hülfe, jede Beimischung einer andern Kunst (der Poesie) verschmähend, das eigentümliche, nur in ihr zu erkennende Wesen dieser Kunst rein ausspricht? – Sie ist die romantischste aller Künste, beinahe möchte man sagen, allein echt romantisch, denn nur das Unendliche ist ihr Vorwurf. – Orpheus' Lyra öffnete die Tore des Orkus. Die Musik schließt dem Menschen ein unbekanntes Reich auf, eine Welt, die nichts gemein hat mit der äußern Sinnenwelt, die ihn umgibt, und in der er alle *bestimmten* Gefühle zurückläßt, um sich einer unaussprechlichen Sehnsucht hinzugeben.

Habt ihr dies eigentümliche Wesen auch wohl nur geahnt, ihr armen Instrumentalkomponisten, die ihr euch mühsam abquältet, bestimmte Empfindungen, ja sogar Begebenheiten darzustellen? – Wie konnte es euch denn nur einfallen, die der Plastik geradezu entgegengesetzte Kunst plastisch zu behandeln? Eure Sonnaufgänge, eure Gewitter, eure Batailles des trois Empereurs und so weiter waren wohl gewiß gar lächerliche Verirrungen und sind wohlverdienterweise mit gänzlichem Vergessen bestraft.

In dem Gesange, wo die Poesie bestimmte Affekte durch Worte andeutet, wirkt die magische Kraft der Musik, wie das wunderbare Elixier der Weisen, von dem etliche Tropfen jeden Trank köstlicher und herrlicher machen. Jede Leidenschaft – Liebe – Haß – Zorn – Verzweiflung etc. –, wie die Oper sie uns gibt, kleidet die Musik in den Purpurschimmer der Romantik, und selbst das im Leben Empfundene führt uns hinaus aus dem Leben in das Reich des Unendlichen.

So stark ist der Zauber der Musik, und, immer mächtiger werdend, mußte er jede Fessel einer andern Kunst zerreißen.

Gewiß nicht allein in der Erleichterung der Ausdrucksmittel (Vervollkommnung der Instrumente, größere Virtuosität der Spieler), sondern in dem tieferen innigeren Erkennen des eigentümlichen Wesens der Musik liegt es, daß geniale Komponisten die Instrumentalmusik zu der jetzigen Höhe erhoben.

Mozart und Haydn, die Schöpfer der jetzigen Instrumentalmusik, zeigten uns zuerst die Kunst in ihrer vollen Glorie; wer sie da mit voller Liebe anschaute und eindrang in ihr innigstes Wesen, ist – Beethoven! – Die Instrumentalkompositionen aller drei Meister atmen einen gleichen romantischen Geist, welches in dem gleichen innigen Ergreifen des eigentümlichen Wesens der Kunst liegt; der Charakter ihrer Kompositionen unterscheidet sich jedoch merklich. – Der Ausdruck eines kindlichen heitern Gemüts herrscht in Haydns Kompositionen. Seine Sinfonien führen uns in unabsehbare grüne Haine, in ein lustiges buntes Gewühl glücklicher Menschen. Jünglinge und Mädchen schweben in Reihentänzen vorüber; lachende Kinder, hinter Bäumen, hinter Rosenbüschen lauschend, werfen sich neckend mit Blumen. Ein Leben voll Liebe, voll Seligkeit, wie vor der Sünde, in ewiger Jugend; kein Leiden, kein Schmerz, nur ein süßes wehmütiges Verlangen nach der geliebten Gestalt, die in der Ferne im Glanz des Abendrotes daher schwebt, nicht näher kommt, nicht verschwindet, und solange sie da ist, wird es nicht Nacht, denn sie selbst ist das Abendrot, von dem Berg und Hain erglühen. – In die Tiefen des Geisterreichs führt uns Mozart. Furcht umfängt uns, aber ohne Marter ist sie mehr Ahnung des Unendlichen.

Liebe und Wehmut tönen in holden Geisterstimmen; die Nacht geht auf in hellem Purpurschimmer, und in unaussprechlicher Sehnsucht ziehen wir nach den Gestalten, die, freundlich uns in ihre Reihen winkend, in ewigem Sphärentanze durch die Wolken fliegen. (Mozarts Sinfonie in Es-Dur, unter dem Namen des »Schwanengesanges« bekannt.)

So öffnet uns auch Beethovens Instrumentalmusik das Reich des Ungeheuern und Unermeßlichen. Glühende Strahlen schießen durch dieses Reiches tiefe Nacht, und wir werden Riesenschatten gewahr, die auf und ab wogen, enger und enger uns einschließen und *uns* vernichten, aber nicht den Schmerz der unendlichen Sehnsucht, in welcher jede Lust, die schnell in jauchzenden Tönen emporgestiegen, hinsinkt und untergeht, und nur in diesem Schmerz, der, Liebe, Hoffnung, Freude in sich verzehrend, aber nicht zerstörend, unsere Brust mit einem vollstimmigen Zusammenklange aller Leidenschaften zersprengen will, leben wir fort und sind entzückte Geisterseher!

Der romantische Geschmack ist selten, noch seltener das romantische Talent, daher gibt es wohl so wenige, die jene Lyra, deren Ton das wundervolle Reich des Romantischen aufschließt, anzuschlagen vermögen.

Haydn faßt das Menschliche im menschlichen Leben romantisch auf; er ist kommensurabler, faßlicher für die Mehrzahl.

Mozart nimmt mehr das Übermenschliche, das Wunderbare, welches im innern Geiste wohnt, in Anspruch.

Beethovens Musik bewegt die Hebel der Furcht, des Schauers, des Entsetzens, des Schmerzes und erweckt eben jene unendliche Sehnsucht, welche das Wesen der Romantik ist. Er ist daher ein rein romantischer Komponist, und mag es nicht daher kommen, daß ihm Vokalmusik, die den Charakter des unbestimmten Sehnens nicht zuläßt, sondern nur durch Worte bestimmte Affekte, als in dem Reiche des Unendlichen empfunden, darstellt, weniger gelingt?

Den musikalischen Pöbel drückt Beethovens mächtiger Genius; er will sich vergebens dagegen auflehnen. – Aber die weisen Richter, mit vornehmer Miene um sich schauend, versichern: man könne es ihnen als Männer von großem Verstande und tiefer Einsicht aufs Wort glauben, es fehle dem guten B. nicht im mindesten an einer sehr reichen, lebendigen Phantasie, aber er verstehe sie nicht zu zügeln! Da wäre denn nun von Auswahl und Formung der Gedanken gar nicht die Rede, sondern er werfe nach der sogenannten genialen Methode alles so hin, wie es ihm augenblicklich die im Feuer arbeitende Phantasie eingebe. Wie ist es aber, wenn nur *eurem* schwachen Blick der innere tiefe Zusammenhang jeder Beethovenschen Komposition entgeht? Wenn es nur an *euch* liegt, daß ihr des Meisters dem Geweihten verständliche Sprache nicht versteht, wenn euch die Pforte des innersten Heiligtums verschlossen blieb? – In Wahrheit, der Meister, an Besonnenheit Haydn und Mozart ganz an die Seite zu stellen, trennt sein Ich von dem innern Reich der Töne und gebietet darüber als unumschränkter Herr. Ästhetische Meßkünstler haben oft im Shakespeare über gänzlichen Mangel innerer Einheit und inneren Zusammenhanges geklagt, indem dem tieferen Blick ein schöner Baum, Blätter,

Blüten und Früchte, aus einem Keim treibend, erwächst; so entfaltet sich auch nur durch ein sehr tiefes Eingehen in Beethovens Instrumentalmusik die hohe Besonnenheit, welche vom wahren Genie unzertrennlich ist und von dem Studium der Kunst genährt wird. Welches Instrumentalwerk Beethovens bestätigt dies alles wohl in höherm Grade, als die über alle Maßen herrliche tiefsinnige Sinfonie in c-Moll. Wie führt diese wundervolle Komposition in einem fort und fort steigenden Klimax den Zuhörer unwiderstehlich fort in das Geisterreich des Unendlichen. Nichts kann einfacher sein, als der nur aus zwei Takten bestehende Hauptgedanke des ersten Allegros, der anfangs im Unisono dem Zuhörer nicht einmal die Tonart bestimmt. Den Charakter der ängstlichen, unruhvollen Sehnsucht, den dieser Satz in sich trägt, setzt das melodiöse Nebenthema nur noch mehr ins klare! – Die Brust von der Ahnung des Ungeheuern, Vernichtung Drohenden gepreßt und beängstet, scheint sich in schneidenden Lauten gewaltsam Luft machen zu wollen, aber bald zieht eine freundliche Gestalt glänzend daher und erleuchtet die tiefe grauenvolle Nacht. (Das liebliche Thema in G-Dur, das erst von dem Horn in Es-Dur berührt wurde.) – Wie einfach – noch einmal sei es gesagt – ist das Thema, das der Meister dem Ganzen zum Grunde legte, aber wie wundervoll reihen sich ihm alle Neben- und Zwischensätze durch ihr rhythmisches Verhältnis so an, daß sie nur dazu dienen, den Charakter des Allegros, den jenes Hauptthema nur andeutete, immer mehr und mehr zu entfalten. Alle Sätze sind kurz, beinahe alle nur aus zwei, drei Takten bestehend, und noch dazu verteilt in beständigem Wechsel der Blas- und der Saiteninstrumente; man sollte glauben, daß aus solchen Elementen nur etwas Zerstückeltes, Unfaßbares entstehen könne, aber statt dessen ist es eben jene Einrichtung des

Ganzen sowie die beständige aufeinander folgende Wiederholung der Sätze und einzelner Akkorde, die das Gefühl einer unnennbaren Sehnsucht bis zum höchsten Grade steigert. Ganz davon abgesehen, daß die kontrapunktische Behandlung von dem tiefen Studium der Kunst zeugt, so sind es auch die Zwischensätze, die beständigen Anspielungen auf das Hauptthema, welche dartun, wie der hohe Meister das Ganze mit allen den leidenschaftlichen Zügen im Geist auffaßte und durchdachte. – Tönt nicht wie eine holde Geisterstimme, die unsre Brust mit Hoffnung und Trost erfüllt, das liebliche Thema des Andante con moto in As-Dur? – Aber auch hier tritt der furchtbare Geist, der im Allegro das Gemüt ergriff und ängstete, jeden Augenblick drohend aus der Wetterwolke hervor, in die er verschwand, und vor seinen Blitzen entfliehen schnell die freundlichen Gestalten, die uns umgaben. – Was soll ich von der Menuett sagen? – Hört die eignen Modulationen, die Schlüsse in dem dominanten Akkorde Dur, den der Baß als Tonika des folgenden Themas in Moll aufgreift – das immer sich um einige Takte erweiternde Thema selbst! Ergreift euch nicht wieder jene unruhvolle, unnennbare Sehnsucht, jene Ahnung des wunderbaren Geisterreichs, in welchem der Meister herrscht? Aber wie blendendes Sonnenlicht strahlt das prächtige Thema des Schlußsatzes in dem jauchzenden Jubel des ganzen Orchesters. – Welche wunderbare kontrapunktische Verschlingungen verknüpfen sich hier wieder zum Ganzen. Wohl mag manchem alles vorüberrauschen wie eine geniale Rhapsodie, aber das Gemüt jedes sinnigen Zuhörers wird gewiß von einem Gefühl, das eben jene unnennbare ahnungsvolle Sehnsucht ist, tief und innig ergriffen, und bis zum Schlußakkord, ja noch in den Momenten nach demselben, wird er nicht heraustreten können aus dem wunderbaren

Geisterreiche, wo Schmerz und Lust, in Tönen gestaltet, ihn umfingen. – Die Sätze ihrer innern Einrichtung nach, ihre Ausführung, Instrumentierung, die Art, wie sie aneinandergereiht sind, alles arbeitet auf einen Punkt hinaus; aber vorzüglich die innige Verwandtschaft der Themas untereinander ist es, welche jene Einheit erzeugt, die nur allein vermag den Zuhörer in *einer* Stimmung festzuhalten. Oft wird diese Verwandtschaft dem Zuhörer klar, wenn er sie aus der Verbindung zweier Sätze heraushört, oder in den zwei verschiedenen Sätzen gemeinen Grundbaß entdeckt, aber eine tiefere Verwandtschaft, die sich auf jene Art nicht dartut, spricht oft nur aus dem Geiste zum Geiste, und eben diese ist es, welche unter den Sätzen der beiden Allegros und der Menuett herrscht, und die besonnene Genialität des Meisters herrlich verkündet.

Wie tief haben sich doch deine herrlichen Flügelkompositionen, du hoher Meister! meinem Gemüte eingeprägt; wie schal und nichtsbedeutend erscheint mir doch nun alles, was nicht dir, dem sinnigen Mozart und dem gewaltigen Genius Sebastian Bach angehört. – Mit welcher Lust empfing ich dein siebzigstes Werk, die beiden herrlichen Trios, denn ich wußte ja wohl, daß ich sie nach weniger Übung bald gar herrlich hören würde. Und so gut ist es mir ja denn heute abend geworden, so daß ich noch jetzt wie einer, der in den mit allerlei seltenen Bäumen, Gewächsen und wunderbaren Blumen umflochtenen Irrgängen eines phantastischen Parks wandelt und immer tiefer und tiefer hineingerät, nicht aus den wundervollen Wendungen und Verschlingungen deiner Trios herauszukommen vermag. Die holden Sirenen-Stimmen deiner in bunter Mannigfaltigkeit prangenden Sätze locken mich immer tiefer und tiefer hinein. – Die geistreiche Dame, die heute *mir*, dem Kapellmeister Kreisler, recht eigentlich zu Ehren das Trio Numero 1 gar herrlich spielte und vor deren Flügel ich noch sitze und schreibe, hat es mich recht deutlich einsehen lassen, wie nur das, was der *Geist* gibt, zu achten, alles übrige aber vom Übel ist.

Eben jetzt habe ich auswendig einige frappante Ausweichungen der beiden Trios auf dem Flügel wiederholt. – Es ist doch wahr, der Flügel (Flügel-Pianoforte) bleibt ein mehr für die Harmonie als für die Melodie brauchbares Instrument. Der feinste Ausdruck, dessen das Instrument fähig ist, gibt der Melodie nicht das regsame Leben in tausend und tausend Nuancierungen, das der Bogen des Geigers, der Hauch des Bläsers hervorzubringen imstande ist. Der Spieler ringt vergebens mit der unüberwindlichen Schwierigkeit, die der Mechanism, der die Saiten durch einen Schlag vibrieren und ertönen läßt, ihm entgegensetzt. Dagegen gibt es (die noch immer weit beschränktere Harfe abgerechnet) wohl kein Instrument, das, so wie der Flügel, in vollgriffigen Akkorden das Reich der Harmonie umfaßt und seine Schätze in den wunderbarsten Formen und Gestalten dem Kenner entfaltet. Hat die Phantasie des Meisters ein ganzes Tongemälde mit reichen Gruppen, hellen Lichtern und tiefen Schattierungen ergriffen, so kann er es am Flügel ins Leben rufen, daß es aus der innern Welt farbicht und glänzend hervortritt. Die vollstimmige Partitur, dieses wahre musikalische Zauberbuch, das in seinen Zeichen alle Wunder der Tonkunst, den geheimnisvollen Chor der mannigfaltigsten Instrumente bewahrt, wird unter den Händen des Meisters am Flügel belebt, und ein in dieser Art gut und vollstimmig vorgetragenes Stück aus der Partitur möchte dem wohlgeratnen Kupferstich, der einem großen Gemälde entnommen, zu vergleichen sein. Zum Phantasieren, zum Vortragen aus der Partitur, zu einzelnen Sonaten, Akkorden und so weiter ist daher der Flügel vorzüglich geeignet, so wie nächstdem Trios, Quartetten, Quintetten etc., wo die gewöhnlichen Saiteninstrumente hinzutreten, schon deshalb ganz in das Reich der Flügelkomposition gehören, weil, sind sie in der wahren Art, das heißt wirklich vierstimmig, fünfstimmig und so weiter komponiert, hier es ganz auf die harmonische Ausarbeitung ankommt, die das Hervortreten einzelner Instrumente in glänzenden Passagen von selbst ausschließt.

Einen wahren Widerwillen hege ich gegen all die eigentlichen Flügelkonzerte. (Mozartsche und Beethovensche sind nicht sowohl Konzerte, als Sinfonien mit obligatem Flügel.) Hier soll die Virtuosität des einzelnen Spielers in Passagen und im Ausdruck der Melodie geltend gemacht werden; der beste Spieler auf dem schönsten Instrumente strebt aber vergebens nach *dem,* was zum Beispiel der Violinist mit leichter Mühe erringt.

Jedes Solo klingt nach dem vollen Tutti der Geiger und Bläser steif und matt, und man bewundert die Fertigkeit der Finger und dergleichen, ohne daß das Gemüt recht angesprochen wird.

Wie hat doch der Meister den eigentümlichsten Geist des Instruments aufgefaßt und in der dafür geeignetsten Art gesorgt!

Ein einfaches, aber fruchtbares, zu den verschiedensten kontrapunktischen Wendungen, Abkürzungen und so weiter taugliches, singbares Thema liegt jedem Satze zum Grunde, alle übrigen Nebenthemata und Figuren sind dem Hauptgedanken innig verwandt, so daß sich alles zur höchsten Einheit durch alle Instrumente verschlingt und ordnet. So ist die Struktur des Ganzen; aber in diesem künstlichen Bau wechseln in rastlosem Fluge die wunderbarsten Bilder, in denen Freude und Schmerz, Wehmut und Wonne neben- und ineinander hervortreten. Seltsame Gestalten beginnen einen luftigen Tanz, indem sie bald zu einem Lichtpunkt verschweben, bald funkelnd und blitzend auseinanderfahren, und sich in mannigfachen Gruppen jagen und verfolgen; und mitten in diesem aufgeschlossenen Geisterreiche horcht die entzückte Seele der unbekannten Sprache zu, und versteht alle die geheimsten Ahnungen, von denen sie ergriffen.

Nur der Komponist drang wahrhaft in die Geheimnisse der Harmonie ein, der durch sie auf das Gemüt des Menschen zu wirken vermag; ihm sind die Zahlenproportionen, welche dem Grammatiker ohne Genius nur tote starre Rechenexempel bleiben, magische Präparate, denen er eine Zauberwelt entsteigen läßt.

Unerachtet der Gemütlichkeit, die vorzüglich in dem ersten Trio, selbst das wehmutsvolle Largo nicht ausgenommen, herrscht, bleibt doch der Beethovensche Genius ernst und feierlich. Es ist, als meinte der Meister, man könne von tiefen, geheimnisvollen Dingen, selbst wenn der Geist, mit ihnen innig vertraut, sich freudig und fröhlich erhoben fühlt, nie in gemeinen, sondern nur in erhabenen herrlichen Worten reden; das Tanzstück der Isispriester kann nur ein hochjauchzender Hymnus sein.

Die Instrumentalmusik muß, da wo sie nur durch sich als Musik wirken und nicht vielleicht einem bestimmten dramatischen Zweck dienen soll, alles unbedeutend Spaßhafte, alle tändelnden Lazzi vermeiden. Es sucht das tiefe Gemüt für die Ahnungen der Freudigkeit, die herrlicher und schöner als hier in der beengten Welt, aus einem unbekannten Lande herübergekommen, ein inneres, wonnevolles Leben in der Brust entzündet, einen höheren Ausdruck, als ihn geringe Worte, die nur der befangenen irdischen Lust eigen, gewähren können. Schon dieser Ernst aller Beethovenschen

Instrumental- und Flügelmusik verbannt alle die halsbrechenden Passagen auf und ab mit beiden Händen, alle die seltsamen Sprünge, die possierlichen Capriccios, die hoch in die Luft gebauten Noten mit fünf- und sechsstrichigem Fundament, von denen die Flügelkompositionen neuester Art erfüllt sind. – Wenn von bloßer Fingerfertigkeit die Rede ist, haben die Flügelkompositionen des Meisters gar keine besondere Schwierigkeit, da die wenigen Läufe, Triolenfiguren und dergleichen mehr wohl jeder geübte Spieler in der Hand haben muß; und doch ist ihr Vortrag bedingt recht schwer. Mancher sogenannte Virtuose verwirft des Meisters Flügelkomposition, indem er dem Vorwurfe: sehr schwer! noch hinzufügt: und sehr undankbar! – Was nun die Schwierigkeit betrifft, so gehört zum richtigen, bequemen Vortrag Beethovenscher Komposition nichts Geringeres, als daß man ihn begreife, daß man tief in sein Wesen eindringe, daß man im Bewußtsein eigner Weihe es kühn wage, in den Kreis der magischen Erscheinungen zu treten, die sein mächtiger Zauber hervorruft. Wer diese Weihe nicht in sich fühlt, wer die heilige Musik nur als Spielerei, nur zum Zeitvertreib in leeren Stunden, zum augenblicklichen Reiz stumpfer Ohren, oder zur eignen Ostentation tauglich betrachtet, der bleibe ja davon. Nur einem solchen steht auch der Vorwurf: und höchst undankbar! zu. Der echte Künstler lebt nur in dem Werke, das er in dem Sinne des Meisters aufgefaßt hat und nun vorträgt. Er verschmäht es, auf irgend eine Weise seine Persönlichkeit geltend zu machen, und all sein Dichten und Trachten geht nur dahin, alle die herrlichen, holdseligen Bilder und Erscheinungen, die der Meister mit magischer Gewalt in sein Werk verschloß, tausendfarbig glänzend ins rege Leben zu rufen, daß sie den Menschen in lichten funkelnden Kreisen umfangen und seine Phantasie, sein innerstes

Gemüt entzündend, ihn raschen Fluges in das ferne Geisterreich der Töne tragen.

5 Höchst zerstreute Gedanken

Schon, als ich noch auf der Schule war, hatte ich die Gewohnheit, manches, was mir bei dem Lesen eines Buchs, bei dem Anhören einer Musik, bei dem Betrachten eines Gemäldes oder sonst gerade einfiel, oder auch was mir selbst Merkwürdiges begegnet, aufzuschreiben. Ich hatte mir dazu ein kleines Buch binden lassen und den Titel vorgesetzt: »Zerstreute Gedanken«. – Mein Vetter, der mit mir auf einer Stube wohnte und mit wahrhaft boshafter Ironie meine ästhetischen Bemühungen verfolgte, fand das Büchelchen, und setzte auf dem Titel dem Worte: »Zerstreute« das Wörtlein: »Höchst!« vor. Zu meinem nicht geringen Verdrusse fand ich, als ich mich über meinen Vetter im stillen satt geärgert hatte und das, was ich geschrieben, noch einmal überlas, manchen zerstreuten Gedanken wirklich und in der Tat *höchst* zerstreut, warf das ganze Buch ins Feuer und gelobte nichts mehr aufzuschreiben, sondern alles im Innern digerieren und wirken zu lassen, wie es sollte. – Aber ich sehe meine Musikalien durch, und finde zu meinem nicht geringen Schreck, daß ich die üble Gewohnheit nun in viel späteren, und wie man denken möchte, weiseren Jahren, stärker als je treibe. Denn sind nicht beinahe alle leere Blätter, alle Umschläge mit *höchst* zerstreuten Gedanken bekritzelt? – Sollte nun einmal, bin ich auf diese oder jene Art dahingeschieden, ein treuer Freund diesen meinen Nachlaß ordentlich für was halten oder gar (wie es denn wohl manchmal zu geschehen pflegt) manches davon abschreiben und drucken lassen, so bitte ich ihn um die Barmherzigkeit, ohne Barmherzigkeit die *höchst*

höchst zerstreuten Gedanken dem Feuer zu übergeben, und rücksichts der übrigen es gewissermaßen als captatio benevolentiae bei der schülerhaften Aufschrift, nebst dem boshaften Zusatze des Vetters, bewenden zu lassen.

Man stritt heute viel über unsern Sebastian Bach und über die alten Italiener, man konnte sich durchaus nicht vereinigen, *wem* der Vorzug gebühre. Da sagte mein geistreicher Freund: »Sebastian Bachs Musik verhält sich zu der Musik der alten Italiener ebenso, wie der Münster in Straßburg zu der Peterskirche in Rom.«

Wie tief hat mich das wahre, lebendige Bild ergriffen! – Ich sehe in Bachs achtstimmigen Motetten den kühnen, wundervollen, romantischen Bau des Münsters mit all den phantastischen Verzierungen, die künstlich zum Ganzen verschlungen, stolz und prächtig in die Lüfte emporsteigen; so wie in Benevolis, in Pertis frommen Gesängen die reinen grandiosen Verhältnisse der Peterskirche, die selbst den größten Massen die Kommensurabilität geben und das Gemüt erheben, indem sie es mit heiligem Schauer erfüllen.

Nicht sowohl im Traume, als im Zustande des Delirierens, der dem Einschlafen vorhergeht, vorzüglich wenn ich viel Musik gehört habe, finde ich eine Übereinkunft der Farben, Töne und Düfte. Es kömmt mir vor, als wenn alle auf die gleiche geheimnisvolle Weise durch den Lichtstrahl erzeugt würden und dann sich zu einem wundervollen Konzerte vereinigen müßten. – Der Duft der dunkelroten Nelken wirkt mit sonderbarer magischer Gewalt auf mich; unwillkürlich versinke ich in einen träumerischen Zustand und höre dann, wie aus weiter Ferne, die anschwellenden und wieder verfließenden tiefen Töne des Bassetthorns.

Es gibt Augenblicke – vorzüglich wenn ich viel in des großen Sebastian Bachs Werken gelesen –, in denen mir die musikalischen Zahlenverhältnisse, ja die mystischen Regeln des Kontrapunkts ein inneres Grauen erwecken. – Musik! – mit geheimnisvollem Schauer, ja mit Grausen nenne ich dich! – Dich! in Tönen ausgesprochene Sanskritta der Natur! – Der Ungeweihte lallt sie nach in kindischen Lauten – der nachäffende Frevler geht unter im eignen Hohn!

Von großen Meistern werden häufig Anekdötchen aufgetischt, die so kindisch erfunden, oder mit so alberner Unwissenheit nacherzählt sind, daß sie mich immer, wenn ich sie anhören muß, kränken und ärgern. So ist zum Beispiel das Geschichtchen von Mozarts Ouvertüre zum »Don Juan« so prosaisch toll, daß ich mich wundern muß, wie sie selbst Musiker, denen man einiges Einsehen nicht absprechen mag, in den Mund nehmen können, wie es noch heute geschah. – Mozart soll die Komposition der Ouvertüre, als die Oper längst fertig war, von Tage zu Tage verschoben haben, und noch den Tag vor der Aufführung, als die besorgten Freunde glaubten, nun säße er am Schreibtische, ganz lustig spazieren gefahren sein. Endlich am Tage der Aufführung, am frühen Morgen, habe er in wenigen Stunden die Ouvertüre *komponiert*, so daß die Partien noch naß in das Theater getragen wären. Nun gerät alles in Erstaunen und Bewunderung, wie Mozart so schnell komponiert hat, und doch kann man jedem rüstigen schnellen Notenschreiber ebendieselbe Bewunderung zollen. – Glaubt ihr denn nicht, daß der Meister den »Don Juan«, sein tiefstes Werk, das er für *seine Freunde*, das heißt für solche, die ihn in seinem Innersten verstanden, komponierte, längst im Gemüte trug, daß er im Geist das Ganze mit allen seinen herrlichen charaktervollen Zügen ordnete und ründete, so daß es wie in einem fehlerfreien Gusse dastand? – Glaubt ihr denn nicht, daß die Ouvertüre aller Ouvertüren, in der alle Motive der Oper schon so herrlich und lebendig angedeutet sind, nicht ebensogut fertig war als das ganze Werk, ehe der große Meister die Feder zum Aufschreiben ansetzte? – Ist jene Anekdote wahr, so hat Mozart wahrscheinlich seine Freunde, die immer von der *Komposition* der Ouvertüre gesprochen hatten, mit dem Verschieben des Aufschreibens geneckt, da ihre Besorgnis, er möchte die günstige Stunde zu dem nunmehr mechanisch gewordenen Geschäft, nämlich das in dem Augenblick der Weihe empfangene und im Innern aufgefaßte Werk aufzuschreiben, nicht mehr finden, ihm lächerlich erscheinen mußte. – Manche haben in dem Allegro des überwachten Mozarts Auffahren aus dem Schlafe, in den er komponierend unwillkürlich versunken, finden wollen! – Es gibt närrische Leute! – Ich erinnere mich, daß bei der Aufführung des »Don Juan« einer einmal mir bitter klagte: das sei doch entsetzlich unnatürlich mit der Statue und mit den Teufeln! Ich antwortete ihm lächelnd, ob er denn nicht längst bemerkt hätte, daß in dem weißen Mann ein ganz verflucht pfiffiger Polizeikommissär stecke, und daß die Teufel nichts wären als vermummte Gerichtsdiener; die Hölle wäre auch weiter nichts als das Stockhaus, wo Don Juan seiner Vergehungen wegen eingesperrt werden würde, und so das Ganze allegorisch zu nehmen. – Da schlug er ganz vergnügt ein Schnippchen nach dem andern und lachte und freute sich, und bemitleidete die andern, die sich so grob täuschen ließen. – Nachher, wenn von den unterirdischen Mächten, die Mozart aus dem Orkus hervorgerufen habe, gesprochen wurde, lächelte er mich überaus pfiffig an, welches ich ihm ebenso erwiderte.

Er dachte: Wir wissen, was wir wissen! und er hatte wahrlich recht!

Seit langer Zeit habe ich mich nicht so rein ergötzt und erfreut, als heute abend. – Mein Freund trat jubilierend zu mir in das Zimmer und verkündete, daß er in einer Schenke der Vorstadt einen Komödianten-Trupp ausgewittert habe, der jeden Abend vor den anwesenden Gästen die größten Schau- und Trauerspiele aufführe. Wir gingen gleich hin und fanden an der Türe der Wirtsstube einen geschriebenen Zettel angeklebt, worin es nächst der de- und wehmütigen Empfehlung der würdigen Schauspielergesellschaft hieß, daß die Wahl des Stücks jedesmal von dem versammelten verehrungswürdigen Publikum abhinge, und daß der Wirt sich beeifern werde, die hohen Gäste auf dem ersten Platz mit gutem Bier und Tabak zu bedienen. Diesmal wurde auf den Vorschlag des Herrn Direktors »Johanna von Montfaucon« gewählt, und ich überzeugte mich, daß, *so* dargestellt, das Stück von unbeschreiblicher Wirkung ist. Da sieht man ja deutlich, wie der Dichter eigentlich die Ironie des Poetischen bezweckte, oder vielmehr den falschen Pathos, die Poesie, die nicht poetisch ist, lächerlich machen wollte, und in dieser Hinsicht ist die »Johanna« eine der ergötzlichsten Possen, die er je geschrieben. Die Schauspieler und Schauspielerinnen hatten diesen tiefen Sinn des Stücks sehr gut aufgefaßt und die Szenerie lobenswert angeordnet. War es nicht zum Beispiel eine glückliche Idee, daß bei den in komischer Verzweiflung herausgeflossenen Worten der Johanna: »Es muß blitzen!« der Direktor die Auslage für Kolophonium nicht gescheut hatte, sondern wirklich ein paarmal blitzen ließ? Außer dem kleinen Unfall, daß in der ersten Szene das ungefähr sechs Fuß hohe Schloß, wiewohl von Papier gebaut, ohne sonderliches Geräusch einfiel, und eine Biertonne sichtbar wurde, von der herab nun anstatt vom Balkon oder zum Fenster heraus Johanna recht herzlich mit den guten Landleuten sprach, waren sonst die Dekorationen vortrefflich, und vorzüglich die Schweizer-Gebirge ebenso im Sinne des Stücks mit glücklicher Ironie behandelt. Ebenso deutete auch das Kostüm sehr gut die Lehre an, die der Dichter durch die Darstellung seiner Helden den Afterdichtern geben will. Seht, will er nämlich sagen: so sind eure Helden! – Statt der kräftigen, rüstigen Ritter der schönen Vorzeit, sind es weinerliche, erbärmliche Weichlinge des Zeitalters, die sich ungeziemlich gebärden und dann glauben, damit sei es getan! – Alle auftretende Ritter, der Estavajell, der Lasarra etc., gingen in gewöhnlichen Fracks und hatten nur Feldbinden darüber gehängt, sowie ein paar Federn auf den Hüten. – Eine ganz herrliche Einrichtung, die von großen Bühnen nachgeahmt zu werden verdiente, fand auch noch statt! – Ich will sie herschreiben, damit ich sie nie aus dem Gedächtnis verliere. – Nicht genug konnte ich mich nämlich über die große Präzision im Auftreten und Abgehen, über den Einklang des Ganzen wundern, da doch die Wahl des Stücks dem Publikum überlassen, die Gesellschaft daher ohne sonderliche Vorbereitung auf eine Menge von Stücken gefaßt sein mußte. Endlich, an einer etwas possierlichen, und wie es schien, ganz unwillkürlichen Bewegung eines Schauspielers in der Kulisse, bemerkte ich mit bewaffnetem Auge, daß von den Füßen der Schauspieler und Schauspielerinnen feine Schnüre in den Souffleurkasten liefen, die angezogen wurden, wenn sie kommen oder gehen sollten. – Ein guter Direktor, der vorzüglich will, daß alles nach seinen eigenen individuellen Ein- und Ansichten auf dem Theater gehen soll, könnte das nun weiter treiben – er könnte, so wie man bei der Reiterei zu den verschiedenen Manövers sogenannte *Rufe* (Trompetenstöße) hat, denen sogar die Pferde augenblicklich folgen, ebenso für die verschiedensten Posituren – Ausrufe – Schreie – Heben – Sinkenlassen der Stimme und so weiter – verschiedene Züge erfinden und sie, neben dem Souffleur sitzend, mit Nutzen applizieren.

Das größte, mit augenblicklicher Entlassung, als dem zivilen Tode, zu bestrafende Versehen eines Schauspielers wäre dann, wenn der Direktor ihm mit Recht vorwerfen könnte: *er habe über die Schnur gehauen,* und das größte Lob einer ganzen Darstellung: *es sei alles recht nach der Schnur gegangen.*

Große Dichter und Künstler sind auch für den Tadel untergeordneter Naturen empfindlich. – Sie lassen sich gar zu gern loben, auf Händen tragen, hätscheln. – Glaubt ihr denn, daß diejenige Eitelkeit, von der ihr so oft befangen, in hohen Gemütern wohnen könne? – Aber jedes freundliche Wort, jedes wohlwollende Bemühen beschwichtigt die innere Stimme, die dem wahren Künstler unaufhörlich zuruft: Wie ist doch dein Flug noch so niedrig, noch so von der Kraft des Irdischen gelähmt – rüttle frisch die Fittige und schwinge dich auf zu den leuchtenden Sternen! – Und von der Stimme getrieben, irrt der Künstler oft umher und kann seine Heimat nicht wiederfinden, bis der Freunde Zuruf ihn wieder auf Weg und Steg leitet.

Wenn ich in Forkels »Musikalischer Bibliothek« die niedrige schmähende Beurteilung von Glucks »Iphigenia in Aulis« lese, wird mein Gemüt von den sonderbarsten Empfindungen im Innersten bewegt. Wie mag der große herrliche Mann, las er jenes absurde Geschwätz, doch eben von dem unbehaglichen Gefühl ergriffen worden sein, wie einer, der, in einem schönen Park zwischen Blumen und Blüten lustwandelnd, von schreienden, bellenden Kläffern angefallen wird, die, ohne ihm nur den mindesten bedeutenden Schaden zufügen zu können, ihm doch auf die unerträglichste Weise lästig sind. Aber wie man in der Zeit des erfochtenen Sieges gern von den ihm vorhergegangenen Bedrängnissen und Gefahren hört, eben darum, weil sie seinen Glanz noch erhöhen, so erhebt es auch Seele und Geist, noch die Ungetüme zu beschauen, über die der Genius sein Siegespanier schwang, daß sie untergingen in ihrer eignen Schmach! – Tröstet euch – ihr Unerkannten! ihr von dem Leichtsinn, von der Unbill des Zeitgeistes Gebeugten; *euch* ist *gewisser* Sieg verheißen, und *der* ist ewig, da euer ermüdender *Kampf* nur vorübergehend war!

Man erzählt, nachdem der Streit der Gluckisten und Piccinisten sich etwas abgekühlt hatte, sei es irgend einem vornehmen Verehrer der Kunst gelungen, Gluck und Piccini in einer Abendgesellschaft zusammenzubringen, und nun habe der offene Teutsche, zufrieden einmal den bösen Streit geendet zu sehen, in einer fröhlichen Weinlaune dem Italiener seinen ganzen Mechanismus der Komposition, sein Geheimnis, die Menschen, und vorzüglich die verwöhnten Franzosen zu erheben und zu rühren, entdeckt – Melodien in altfranzösischem Stil – teutsche Arbeit, darin sollte es liegen. Aber der sinnige, gemütliche, in seiner Art große Piccini, dessen Chor der Priester der Nacht in der »Dido« in meinem Innersten mit schauerlichen Tönen widerhallt, hat doch keine »Armida«, keine »Iphigenia« wie Gluck geschrieben! – Bedürfte es denn nur genau zu wissen, wie Raffael seine Gemälde anlegte und ausführte, um selbst ein Raffael zu sein?

Kein Gespräch über die Kunst konnte heute aufkommen – nicht einmal das himmlische Geschwätz um nichts über nichts, das ich so gern mit Frauenzimmern führe, weil mir es dann nur wie die zufällig begleitende Stimme zu einer geheimen, aber von jeder deutlich geahnten Melodie vorkommt, wollte recht fort; alles ging unter in der Politik. – Da sagte jemand: Der Minister –r– habe den Vorstellungen des –s– Hofes kein Gehör gegeben. Nun weiß ich, daß jener Minister wirklich auf einem Ohre gar nicht hört, und in dem Augenblick stand ein Bild in grotesken Zügen mir vor Augen, welches mich den ganzen Abend nicht wieder verließ. – Ich sah nämlich jenen Minister in der Mitte des Zimmers steif dastehen – der –sche Unterhändler befindet sich unglücklicherweise an der tauben Seite, der andere an der hörenden! – Nun wenden beide alle nur ersinnlichen Mittel, Ränke und Schwänke an, einer, daß die Exzellenz sich umdrehe, der andere, daß die Exzellenz stehen bleibe, denn nur davon hängt der Erfolg der Sache ab; aber die Exzellenz bleibt wie eine teutsche Eiche fest eingewurzelt auf ihrer Stelle, und das Glück ist dem günstig, der die *hörende* Seite traf.

Welcher Künstler hat sich sonst um die politischen Ereignisse des Tages bekümmert – er lebte nur in seiner Kunst, und nur in ihr schritt er durch das Leben; aber eine verhängnisvolle schwere Zeit hat den Menschen mit eiserner Faust ergriffen, und der Schmerz preßt ihm Laute aus, die ihm sonst fremd waren.

Man spricht so viel von der Begeisterung, die die Künstler durch den Genuß starker Getränke erzwingen – man nennt Musiker und Dichter, die nur *so* arbeiten können (die Maler sind von dem Vorwurfe, soviel ich weiß, frei geblieben). – Ich glaube nicht daran – aber gewiß ist es, daß eben in der glücklichen Stimmung, ich möchte sagen, in der günstigen Konstellation, wenn der Geist aus dem *Brüten* in das *Schaffen* übergeht, das geistige Getränk den regeren Umschwung der Ideen befördert. – Es ist gerade kein edles Bild, aber mir kommt die Phantasie hier vor, wie ein Mühlrad, welches der stärker anschwellende Strom schneller treibt – der Mensch gießt Wein auf, und das Getriebe im Innern dreht sich rascher! – Es ist wohl herrlich, daß eine edle Frucht das Geheimnis in sich trägt, den menschlichen Geist in seinen eigensten Anklängen auf eine wunderbare Weise zu beherrschen. – Aber was in diesem Augenblick da vor mir im Glase dampft, ist jenes Getränk, das noch wie ein geheimnisvoller Fremder, der, um unerkannt zu bleiben, überall seinen Namen wechselt, keine allgemeine Benennung hat, und durch *den* Prozeß erzeugt wird, wenn man Kognak, Arrak oder Rum anzündet und auf einem Rost darüber gelegten Zucker hineintröpfeln läßt. – Die Bereitung und der mäßige Genuß dieses Getränkes hat für mich etwas Wohltätiges und Erfreuliches. – Wenn so die blaue Flamme emporzuckt, sehe ich, wie die Salamander glühend und sprühend herausfahren und mit den Erdgeistern kämpfen, die im Zucker wohnen. Diese halten sich tapfer; sie knistern in gelben Lichtern durch die Feinde, aber die Macht ist zu groß, sie sinken prasselnd und zischend unter – die Wassergeister entfliehen, sich im Dampfe emporwirbelnd, indem die Erdgeister die erschöpften Salamander herabziehen und im eignen Reiche verzehren; aber auch sie gehen unter und kecke neugeborne Geisterchen strahlen in glühendem Rot herauf, und was Salamander und Erdgeist im Kampfe untergehend geboren, hat des Salamanders Glut und des Erdgeistes gehaltige Kraft. – Sollte es wirklich geraten sein, dem innern Phantasierade Geistiges aufzugießen, (welches ich doch meine, da es dem Künstler nächst dem rascheren Schwunge der Ideen eine gewisse Behaglichkeit, ja Fröhlichkeit gibt, die die Arbeit erleichtert), so könnte man ordentlich rücksichts der Getränke gewisse Prinzipe aufstellen. So würde ich zum Beispiel bei der Kirchenmusik alte Rhein- und Franzweine, bei der ernsten Oper sehr feinen Burgunder, bei der komischen Oper Champagner, bei Kanzonetten italienische feurige Weine, bei einer höchst romantischen Komposition, wie die des »Don Juan« ist, aber ein mäßiges Glas von eben dem von Salamander und Erdgeist erzeugten Getränk anraten! – Doch überlasse ich jedem seine individuelle Meinung, und finde nur nötig für mich selbst im stillen zu bemerken, daß der Geist, der von Licht und unterirdischem Feuer geboren, so keck den Menschen beherrscht, gar gefährlich ist, und man seiner Freundlichkeit nicht trauen darf, da er schnell die Miene ändert und statt des wohltuenden behaglichen Freundes, zum furchtbaren Tyrannen wird.

Es wurde heute die bekannte Anekdote von dem alten Rameau erzählt, der zu dem Geistlichen, welcher ihn in der Todesstunde mit allerlei harten, unfreundlichen Worten zur Buße ermahnte und nicht aufhören konnte zu predigen und zu schreien, ernstlich sagte: »Aber wie mögen Euer Hochwürden doch so falsch singen!« – Ich habe nicht in das laute Gelächter der Gesellschaft einstimmen können, denn für mich hat die Geschichte etwas ungemein Rührendes! – Wie hatte, da der alte Meister der Tonkunst beinahe schon alles Irdische abgestreift, sich sein Geist so ganz und gar der göttlichen Musik zugewendet, daß jeder sinnliche Eindruck von außen her nur ein Mißklang war, der, die reinen Harmonien, von denen sein Inneres erfüllt, unterbrechend, ihn quälte und seinen Flug zur Lichtwelt hemmte.

In keiner Kunst ist die Theorie schwächer und unzureichender als in der Musik, die Regeln des Kontrapunkts beziehen sich natürlicherweise nur auf die harmonische Struktur, und ein danach richtig ausgearbeiteter Satz ist die nach den bestimmten Regeln des Verhältnisses richtig entworfene Zeichnung des Malers. Aber bei dem Kolorit ist der Musiker ganz verlassen; denn *das* ist die Instrumentierung. – Schon der unermeßlichen Varietät musikalischer Sätze wegen ist es unmöglich, hier nur *eine Regel* zu wagen, aber auf eine lebendige, durch Erfahrung geläuterte Phantasie gestützt, kann man wohl Andeutungen geben, und diese zyklisch gefaßt würde ich: Mystik der Instrumente nennen. Die Kunst, gehörigen Orts bald mit dem vollen Orchester, bald mit einzelnen Instrumenten zu wirken, ist die *musikalische Perspektive;* so wie die Musik den von der Malerei ihr entlehnten Ausdruck, *Ton,* wieder zurücknehmen und ihn von *Tonart* unterscheiden kann. Im zweiten höheren Sinn wäre dann *Ton eines Stücks* der tiefere Charakter, der durch die besondere Behandlung des Gesanges, der Begleitung der sich anschmiegenden Figuren und Melismen, ausgesprochen wird.

Es ist ebenso schwer, einen guten letzten Akt zu machen, als einen tüchtigen Kernschluß. – Beide sind gewöhnlich mit Figuren überhäuft, und der Vorwurf: er kann nicht zum Schluß kommen, ist nur zu oft gerecht. Für Dichter und Musiker ist es kein übler Vorschlag, beide, den letzten Akt und das Finale, *zuerst* zu machen. Die Ouvertüre, so wie der Prologus, muß unbedingt zuletzt gemacht werden.

6 Der vollkommene Maschinist

Als ich noch in *** die Oper dirigierte, trieben mich oft Lust und Laune auf das Theater; ich bekümmerte mich viel um das Dekorations- und Maschinenwesen, und indem ich lange Zeit ganz im stillen über alles, was ich sah, Betrachtungen anstellte, erzeugten sich mir Resultate, die ich zum Nutz und Frommen der Dekorateurs und der Maschinisten, sowie des ganzen Publikums, gern in einem eignen Traktätlein ans Licht stellen möchte, unter dem Titel: Johannes Kreislers vollkommener Maschinist und so weiter. Aber wie es in der Welt zu gehen pflegt, den schärfsten Willen stumpft die Zeit ab, und wer weiß, ob bei gehöriger Muße, die das wichtige theoretische Werk erfodert, mir auch die Laune kommen wird, es wirklich zu schreiben. Um nun daher wenigstens die ersten Prinzipe der von mir erfundenen herrlichen Theorie, die vorzüglichsten Ideen vom Untergange zu retten, schreibe ich, soviel ich vermag, nur alles rhapsodisch hin, und denke auch dann: Sapienti sat!

Fürs erste verdanke ich es meinem Aufenthalte in ***, daß ich von manchem gefährlichen Irrtum, in den ich bisher versunken, gänzlich geheilt worden, so wie ich auch die kindische Achtung für Personen, die ich sonst für groß und genial gehalten, gänzlich verloren. Nächst einer aufgedrungenen, aber sehr heilsamen Geistesdiät bewirkte meine Gesundheit der mir angeratene fleißige Genuß des äußerst klaren reinen Wassers, das in *** aus vielen Quellen, vorzüglich bei dem Theater – nicht sprudelt? – nein! – sondern sanft und leise daherrinnt.

So denke ich noch mit wahrer innerer Scham an die Achtung, ja die kindische Verehrung, die ich für den Dekorateur, sowie für den Maschinisten des ... r Theaters hegte. Beide gingen von dem törichten Grundsatz aus: Dekorationen und Maschinen müßten unmerklich in die Dichtung eingreifen, und durch den Total-Effekt müßte dann der Zuschauer, wie auf unsichtbaren Fittigen, ganz aus dem Theater heraus in das phantastische Land der Poesie getragen werden. Sie meinten, nicht genug wäre es, die zur höchsten Illusion mit tiefer Kenntnis und gereinigtem Geschmack angeordneten Dekorationen, die mit zauberischer, dem Zuschauer unerklärbarer Kraft wirkenden Maschinen anzuwenden, sondern ganz vorzüglich käme es auch darauf an, alles, auch das Geringste zu vermeiden, was dem beabsichtigen Total-Effekt entgegenliefe. Nicht eine wider den Sinn des Dichters gestellte Dekoration, nein – oft nur ein zur Unzeit hervorguckender Baum – ja, ein einziger hervorhängender Strick zerstöre alle Täuschung. – Es sei gar schwer, sagten sie ferner, durch grandios gehaltene Verhältnisse, durch eine edle Einfachheit, durch das künstliche Berauben jedes Mediums die eingebildeten Größen der Dekoration mit wirklichen (zum Beispiel mit den auftretenden Personen) zu vergleichen, und so den Trug zu entdecken, durch gänzliches Verbergen des Mechanismus der Maschinen den Zuschauer in der ihm wohltuenden Täuschung zu erhalten. Hätten daher selbst Dichter, die doch sonst gern in das Reich der Phantasie eingehen, gerufen: »Glaubt ihr denn, daß eure leinwandenen Berge und Paläste, eure stürzenden bemalten Bretter uns nur einen Moment täuschen können, ist euer Platz auch noch so groß?« – so habe es immer an der Eingeschränktheit, der Ungeschicklichkeit ihrer malenden und bauenden Kollegen gelegen, die, statt ihre Arbeiten im höhern poetischen Sinn aufzufassen, das Theater, sei es auch noch so groß gewesen, worauf es nicht einmal so sehr, wie man glaube, ankomme, zum erbärmlichen Guckkasten herabgewürdigt hätten. In der Tat waren auch die tiefen schauerlichen Wälder, die unabsehbaren Kolonnaden – die gotischen Dome jenes Dekorateurs von herrlicher Wirkung – man dachte gewiß nicht an Malerei und Leinwand; des Maschinisten unterirdische Donner, seine Einstürze hingegen erfüllten das Gemüt mit Grausen und Entsetzen, und seine Flugwerke schwebten luftig und duftig vorüber. – Himmel! wie hatten doch diese guten Leute, trotz ihres Weisheitkrams, eine so gänzlich falsche Tendenz! – Vielleicht lassen sie, wenn sie dieses lesen sollten, von ihren offenbar schädlichen Phantastereien ab, und kommen, so wie ich, zu einiger Vernunft. – Ich will mich nun lieber gleich an sie selbst wenden, und von der Gattung theatralischer Darstellungen reden, in der ihre Künste am mehrsten in Anspruch genommen werden – ich meine die Oper! – Zwar habe ich es eigentlich nur mit dem Maschinisten zu tun, aber der Dekorateur kann auch sein Teil daraus lernen. Also:

Meine Herren!
Haben Sie es nicht vielleicht schon selbst bemerkt, so will ich es Ihnen hiermit eröffnen, daß die Dichter und Musiker sich in einem höchst gefährlichen Bunde gegen das Publikum befinden. Sie haben es nämlich auf nichts Geringeres abgesehen, als den Zuschauer aus der wirklichen Welt, wo es ihm doch recht gemütlich ist, herauszutreiben, und, wenn sie ihn von allem ihm sonst Bekannten und Befreundeten gänzlich getrennt, ihn mit allen nur möglichen Empfindungen und Leidenschaften, die der Gesundheit höchst nachteilig, zu quälen. Da muß er lachen – weinen – erschrecken, sich fürchten, sich entsetzen, wie sie es nur haben wollen, kurz wie man im Sprüchwort zu sagen pflegt, ganz nach ihrer Pfeife tanzen. Nur zu oft gelingt ihnen ihre böse Absicht, und man hat schon oft die traurigsten Folgen ihrer feindseli-

gen Einwirkungen gesehen. Hat doch schon mancher im Theater augenblicklich an das phantastische Zeug in der Tat geglaubt; es ist ihm nicht einmal aufgefallen, daß die Menschen nicht reden wie andere ehrliche Leute, sondern singen, und manches Mädchen hat noch nachts darauf, ja ein paar Tage hindurch alle die Erscheinungen, welche Dichter und Musiker ordentlich hervorgezaubert hatten, nicht aus Sinn und Gedanken bringen und kein Strick- oder Stickmuster gescheut ausführen können. Wer aber soll diesem Unfug vorbeugen, wer soll bewirken, daß das Theater eine vernünftige Erholung, daß alles still und ruhig bleibe, daß keine psychisch und physisch ungesunde Leidenschaft erregt werde? – wer soll das tun? Kein anderer als Sie, meine Herren! Ihnen liegt die süße Pflicht auf, zum Besten der gebildeten Menschheit gegen den Dichter und Musiker sich zu verbinden. – Kämpfen Sie tapfer, der Sieg ist gewiß, Sie haben die Mittel überreichlich in Händen! – Der erste Grundsatz, von dem Sie in allen Ihren Bemühungen ausgehen müssen, ist: Krieg dem Dichter und Musiker – Zerstörung ihrer bösen Absicht, den Zuschauer mit Trugbildern zu umfangen und ihn aus der wirklichen Welt zu treiben. Hieraus folgt, daß in eben dem Grade, als jene Personen alles nur mögliche anwenden, den Zuschauer vergessen zu lassen, daß er im Theater sei, Sie dagegen durch zweckmäßige Anordnung der Dekorationen und Maschinerien ihn beständig an das Theater erinnern müssen. – Sollten Sie mich nicht schon jetzt verstehen, sollte es denn nötig sein, Ihnen noch mehr zu sagen? – Aber ich weiß es, Sie sind in Ihre Phantastereien so hineingeraten, daß selbst in dem Fall, wenn Sie meinen Grundsatz für richtig anerkennen, Sie die gewöhnlichsten Mittel, welche herrlich zu dem beabsichtigten Zweck führen, nicht bei der Hand haben würden. Ich muß Ihnen daher schon, wie man zu sagen pflegt, was weniges auf die Sprünge helfen. Sie glauben zum Beispiel nicht, von welcher unwiderstehlichen Wirkung oft schon eine eingeschobene fremde Kulisse ist. Erscheint so ein Stuben- oder Saalfragment in einer düstern Gruft, und klagt die Prima Donna in den rührendsten Tönen über Gefangenschaft und Kerker, so lacht ihr doch der Zuschauer ins Fäustchen, denn er weiß ja, der Maschinist darf nur schellen, und es ist mit dem Kerker vorbei, denn hinten steckt ja schon der freundliche Saal. Noch besser sind aber falsche Soffitten und oben herausguckende Mittelvorhänge, indem sie der ganzen Dekoration die sogenannte Wahrheit, die aber hier eben der schändlichste Trug ist, benehmen. Es gibt aber doch Fälle, wo Dichter und Musiker mit ihren höllischen Künsten die Zuschauer so zu betäuben wissen, daß sie auf alles das nicht merken, sondern ganz hingerissen, wie in einer fremden Welt, sich der verführerischen Lockung des Phantastischen hingeben; es findet dieses vorzüglich bei großen Szenen, vielleicht gar mit einwirkenden Chören statt. In dieser verzweiflungsvollen Lage gibt es ein Mittel, das immer den beabsichtigten Zweck erfüllen wird. Sie lassen dann ganz unerwartet, zum Beispiel mitten in einem lügübren Chor, der sich um die im Moment des höchsten Affekts begriffenen Hauptpersonen gruppiert, plötzlich einen Mittelvorhang fallen, der unter allen spielenden Personen Bestürzung verbreitet und sie auseinandertreibt, so daß mehrere im Hintergrunde von den im Proszenium befindlichen total abgeschnitten werden. Ich erinnere mich, in einem Ballett dieses Mittel zwar wirkungsvoll, aber doch nicht ganz richtig angewandt gesehen zu haben. Die Prima Ballerina führte eben, indem der Chor der Figuranten seitwärts gruppiert war, ein schönes Solo aus; eben als sie im Hintergrunde in einer herrlichen Stellung verweilte, und die Zuschauer nicht genug jauchzen und jubeln konnten, ließ der Maschinist plötzlich einen Mittelvorhang vorfallen, der sie mit einem Male den Augen des Publikums entzog. Aber unglücklicherweise war es eine Stube mit einer großen Tür in der Mitte; ehe man sich's versah, kam daher die entschlossene Tänzerin gar anmutig durch die Tür hereingehüpft und setzte ihr Solo fort, worauf denn der Mittelvorhang zum Trost der Figuranten wieder aufging. Lernen Sie hieraus, daß der Mittelvorhang keine Tür haben, übrigens aber mit der stehenden Dekoration grell abstechen muß. In einer felsichten Einöde tut ein Straßenprospekt, in einem Tempel ein finsterer Wald sehr gute Dienste. Sehr nützlich ist es auch, vorzüglich in Monologen oder kunstvollen Arien, wenn eine Soffitte herunterzufallen oder eine Kulisse in das Theater zu stürzen droht, oder wirklich stürzt; denn außerdem, daß die Aufmerksamkeit der Zuschauer ganz von der Situation des Gedichts abgezogen wird, so erregt auch die Prima Donna, oder der Primo Huomo, der vielleicht eben auf dem Theater war und hart beschädigt zu werden Gefahr lief, die größere, regere Teilnahme des Publikums, und wenn beide nachher noch so falsch singen, so heißt es: »Die arme Frau, der arme Mensch, das kommt von der ausgestandenen Angst«, und man applaudiert gewaltig! Man kann auch zur Erreichung dieses Zwecks, nämlich den Zuschauer von den Personen des Gedichts ab und auf die Persönlichkeit der Schauspieler zu lenken, mit Nutzen ganze auf dem Theater stehende Gerüste einstürzen lassen. So erinnere ich mich, daß einmal in der »Camilla« der praktikable Gang und die Treppe zur unterirdischen Gruft in dem Augenblicke, als eben alle zu Camillas Rettung herbeieilenden Personen darauf befindlich waren, einstürzte. – Das war ein Rufen – ein Schreien – ein Beklagen im Publikum, und als nun endlich vom Theater herab verkündigt wurde: es habe niemand bedeutenden Schaden genommen und man werde fortspielen, mit welcher Teilnahme wurde nun der Schluß der Oper gehört, die aber, wie es auch sein sollte, nicht mehr den Personen des Stücks, sondern den in Angst und Schrecken gesetzten Schauspielern galt. Dagegen ist es unrecht, die Schauspieler hinter den Kulissen in Gefahr zu setzen, denn alle Wirkung fällt ja von selbst weg, wenn es nicht vor den Augen des Publikums geschieht. Die Häuser, aus deren Fenster geguckt, die Balkons, von denen herab diskurriert werden soll, müssen daher so niedrig als möglich gemacht werden, damit es keiner hohen Leiter oder keines hohen Gerüstes zum Hinaufsteigen bedarf. Gewöhnlich kommt der, der erst oben durch das Fenster gesprochen, dann unten zur Tür heraus, und um Ihnen meine Bereitwilligkeit zu zeigen, wie gern ich mit allen meinen gesammelten Kenntnissen zu Ihrem Besten herausrücke, setze ich Ihnen die Dimensionen eines solchen praktikablen Hauses mit Fenster und Tür her, wie ich sie von dem Theater in *** entnommen. Höhe der Tür: fünf Fuß, Zwischenraum bis zum Fenster: ein halber Fuß, Höhe des Fensters: drei Fuß, bis zum Dache: ein viertel Fuß, Dach: ein halber Fuß. Macht zusammen neuneinviertel Fuß. Wir hatten einen etwas großen Schauspieler, der durfte, wenn er den Bartholo im »Barbier von Sevilien« spielte, nur auf eine Fußbank steigen, um aus dem Fenster zu gucken, und als einmal zufällig unten die Tür aufging, sah man die langen roten Beine, und war nur besorgt, wie er es machen würde, um durch die Tür zu kommen. Sollte es nicht nützlich sein, den Schauspielern die praktikabeln Häuser, Türme, Burgvesten anzumessen? – Es ist sehr unrecht, durch einen plötzlichen Donner, durch einen Schuß oder durch ein anderes plötzliches Getöse, die Zuschauer zu erschrecken. Ich erinnere mich noch recht gut

Ihres verdammten Donners, mein Herr Maschinist, der dumpf und furchtbar wie in tiefen Gebirgen rollte, aber was soll das? – wissen Sie denn nicht, daß ein in einen Rahmen gespanntes Kalbfell, auf dem man mit beiden Fäusten herumtrommelt, einen gar anmutigen Donner gibt? Statt die sogenannte Kanonenmaschine anzuwenden oder wirklich zu schießen, wirft man stark die Garderobentür zu, darüber wird niemand zu sehr erschrecken. Aber um den Zuschauer auch vor dem mindesten Schreck zu bewahren, welches zu den höchsten heiligsten Pflichten des Maschinisten gehört, ist folgendes Mittel ganz untrüglich. Fällt nämlich ein Schuß oder entsteht ein Donner, so heißt es auf dem Theater gewöhnlich: »Was hör ich! – welch Geräusch – welch Getöse!« – Nun muß der Maschinist allemal erst diese Worte abwarten und dann schießen oder donnern lassen. – Außerdem daß das Publikum durch jene Worte gehörig gewarnt worden, hat es auch die Bequemlichkeit, daß die Theaterarbeiter ruhig zusehen können und keines besondern Zeichens zur nötigen Operation bedürfen, sondern ihnen der Ausruf des Schauspielers oder Sängers zum Zeichen dient, und sie dann noch zu rechter Zeit die Garderobentür zuwerfen oder mit den Fäusten das Kalbfell bearbeiten können. Der Donner gibt allemal dem Arbeiter, der als Jupiter fulgurans mit der Blechtrompete in Bereitschaft steht, das Zeichen zum Blitzen; dieser muß, da auf dem Schnürboden doch leicht sich etwas entzünden kann, unten in der Kulisse so weit vorstehen, daß das Publikum hübsch die Flamme und womöglich auch die Trompete sieht, um nicht in unnötigem Zweifel zu bleiben, wie ums Himmelswillen denn nur das Ding mit dem Blitz gemacht wird. Was ich oben vom Schuß gesagt, gilt auch von Trompetenstößen, eintretender Musik und so weiter. Ich habe schon von Ihrem luftigen, duftigen Flugwerk gesprochen, mein Herr Maschinist! – Ist es denn nun wohl recht, so viel Nachdenken, so viel Kunst anzuwenden, um dem Trug so den Schein der Wahrheit zu geben, daß der Zuschauer unwillkürlich an die himmlische Erscheinung, die im Nimbus glänzender Wolken herabschwebt, glaubt? – Aber selbst Maschinisten, die von richtigeren Grundsätzen ausgehen sollen, fallen in einen anderen Fehler. Sie lassen zwar gehörig Strikke sehen, aber so schwach, daß das Publikum in tausend Angst gerät, die Gottheit, der Genius etc. werden herabstürzen und Arm und Beine brechen. – Der Wolkenwagen oder die Wolke muß daher in vier recht dicken schwarz angestrichenen Stricken hängen, und ruckweise im langsamsten Tempo heraufgezogen oder herabgelassen werden; denn so wird der Zuschauer, der die Sicherheitsanstalten auch vom entferntesten Platze deutlich sieht, und ihre Haltbarkeit gehörig beurteilen kann, über die himmlische Fahrt ganz beruhigt. – Sie haben sich auf Ihre wellenschlagende schäumende Meere, auf Ihre Seen mit den optischen Widerscheinen recht was eingebildet, und Sie glaubten gewiß einen Triumph Ihrer Kunst zu feiern, als es Ihnen gelang, über die Brücke des Sees wandelnde Personen ebenso vorübergehend abzuspiegeln? – Wahr ist es, das Letzte hat Ihnen einige Bewunderung verschafft; indessen war doch, wie ich schon bewiesen, Ihre Tendenz grundfalsch! – Ein Meer, ein See – ein Fluß, kurz jedes Wasser wird am besten auf folgende Art dargestellt: Man nimmt zwei Bretter, so lang, als das Theater breit ist, läßt sie an der obersten Seite auszacken, mit kleinen Wellchen blau und weiß bemalen, und hängt sie eins hinter dem andern in Schnüren *so* auf, daß ihre untere Seite noch etwas den Boden berührt. Diese Bretter werden nun hin und her bewegt, und das knarrende Geräusch, welches sie, den Boden streifend, verursachen, bedeutet das Plätschern der Wellen. – Was soll ich von Ihren schauerlichen heimlichen Mondgegenden sagen, Herr Dekorateur, da jeden Prospekt ein geschickter Maschinist in eine Mondgegend umwandelt. Es wird nämlich in ein viereckiges Brett ein rundes Loch geschnitten, mit Papier verklebt und in den hinter demselben befindlichen rot angestrichenen Kasten ein Licht gesetzt. Diese Vorrichtung wird an zwei starken, schwarz angestrichenen Schnüren herabgelassen, und siehe da, es ist Mondschein! – Wäre es nicht auch ganz dem vorgesetzten Zweck gemäß, wenn bei zu großer Rührung im Publikum der Maschinist diesen oder jenen der größten Übeltäter unwillkürlich versinken ließe und ihm so jeden Ton, der den Zuschauer noch in höhere Extravaganz setzen könnte, mit einem Male abschnitte? – Rücksichts der Versenkungen will ich aber sonst bemerken, daß der Schauspieler nur in jenem äußersten Fall, wenn es nämlich darauf ankommt, das Publikum zu retten, in Gefahr zu setzen ist. Sonst muß man ihn auf alle nur mögliche Art schonen und erst dann die Versenkung gehen lassen, wenn er sich in gehöriger Stellung und Balance befindet. Da dieses aber nun niemand wissen kann, als der Schauspieler selbst, so ist es unrecht, das Zeichen vom Souffleur mit der Souterrainsglocke geben zu lassen, vielmehr mag der Schauspieler, sollen ihn unterirdische Mächte verschlingen, oder soll er als Geist verschwinden, selbst durch drei oder vier harte Fußstöße auf den Boden das Zeichen geben, und dann langsam und sicher in die Arme der unten passenden Theaterarbeiter sinken. – Ich hoffe, Sie haben mich nun ganz verstanden, und werden, da jede Vorstellung tausendmal Gelegenheit gibt, den Kampf mit dem Dichter und Musiker zu bestehen, ganz nach der richtigen Tendenz und nach den von mir angeführten Beispielen handeln.

Ihnen, mein Herr Dekorateur! rate ich noch im Vorbeigehen, die Kulissen nicht als ein notwendiges Übel, sondern als Hauptsache, und jede, soviel möglich, als ein für sich bestehendes Ganze anzusehen, auch recht viel Details darauf zu malen. In einem Straßenprospekt soll zum Beispiel jede Kulisse ein hervorspringendes drei- oder vierstöckiges Haus bilden; wenn denn nun die Fensterchen und Türchen der Häuser im Proszenium so klein sind, daß man offenbar sieht, keine der auftretenden Personen, die beinahe bis in den zweiten Stock ragen, könne darin wohnen, sondern nur ein liliputanisches Geschlecht in diese Türen eingehn und aus diesen Fenstern gucken, so wird durch dieses Aufheben aller Illusion der große Zweck, der dem Dekorateur immer vorschweben muß, auf die leichteste und anmutigste Weise erreicht.

Sollte wider alles Vermuten Ihnen, meine Herren! das Prinzip, auf dem ich meine ganze Theorie des Dekorations- und Maschinenwesens baue, nicht eingehen, so muß ich Sie nur hiemit darauf aufmerksam machen, daß schon vor mir ein äußerst achtbarer würdiger Mann dieselbe in nuce vorgetragen. – Ich meine niemanden anders als den guten Webermeister Zettel, der auch in der höchsttragischen Tragödie: »Pyramus und Thisbe«, das Publikum vor jeder Angst, Furcht etc., kurz vor jeder Exaltation verwahrt wissen will; nur schiebt er alles das, wozu Sie hauptsächlich beitragen müssen, dem Prologus auf den Hals, der gleich sagen soll, daß die Schwerter keinen Schaden täten, daß Pyramus nicht wirklich tot gemacht werde, und daß eigentlich Pyramus nicht Pyramus, sondern Zettel der Weber sei. – Lassen Sie sich des weisen Zettels goldne Worte ja recht zu Herzen gehen, wenn er von Schnock dem Schreiner, der einen greulichen Löwen repräsentieren soll, folgendermaßen spricht:

»Ja, ihr müßt seinen Namen nennen, und sein Gesicht muß durch des Löwen Hals gesehen werden, und er selbst muß durchsprechen, und sich so oder ungefähr so applizieren: ›Gnädige Frauen, oder schöne gnädige Frauen, ich wollte wünschen, oder ich wollte ersuchen, oder ich wollte gebeten haben, fürchten Sie nichts, zittern Sie nicht so; mein Leben für das Ihrige! wenn Sie dächten, ich käme hieher als ein Löwe, so dauerte mich nur meine Haut. Nein, ich bin nichts dergleichen; ich bin ein Mensch, wie andre auch‹ – und dann laßt ihn nur seinen Namen nennen, und ihnen rund heraussagen, daß er Schnock der Schreiner ist.«

Sie haben, wie ich voraussetzen darf, einigen Sinn für die Allegorie, und werden daher leicht das Medium finden, der von Zettel dem Weber ausgesprochenen Tendenz auch in Ihrer Kunst zu folgen. Die Autorität, auf die ich mich gestützt, bewahrt mich vor jedem Mißverstande, und so hoffe ich einen guten Samen gestreut zu haben, dem vielleicht ein Baum des Erkenntnisses entsprießt.

Kreisleriana II

Der Herausgeber dieser Blätter traf im Herbst vorigen Jahres mit dem ritterlichen Dichter des »Sigurd«, des »Zauberringes«, der »Undine«, der »Corona« etc. in Berlin auf das erfreulichste zusammen. Man sprach viel von dem wunderlichen Johannes Kreisler, und es mittelte sich aus, daß er auf höchst merkwürdige Weise in die Nähe eines ihm innigst verwandten Geistes, der nur auf andere Weise ins äußere Leben trat, gekommen sein mußte. – Unter den nachgelassenen Papieren des Barons Wallborn, eines jungen Dichters, der in verfehlter Liebe den Wahnsinn fand und auch den lindernden Tod, und dessen Geschichte de la Motte Fouqué in einer Novelle, »Ixion« geheißen, früher beschrieb, war nämlich ein Brief aufgefunden worden, den Wallborn an den Kreisler geschrieben, aber nicht abgesendet hatte. – Auch Kreisler ließ vor seiner Entfernung einen Brief zurück. Es hatte damit folgende Bewandtnis. – Schon lange galt der arme Johannes allgemein für wahnsinnig, und in der Tat stach auch sein ganzes Tun und Treiben, vorzüglich sein Leben in der Kunst, so grell gegen alles ab, was vernünftig und schicklich heißt, daß an der innern Zerrüttung seines Geistes kaum zu zweifeln war. Immer exzentrischer, immer verwirrter wurde sein Ideengang; so zum Beispiel sprach er, kurz vor seiner Flucht aus dem Orte, viel von der unglücklichen Liebe einer Nachtigall zu einer Purpurnelke, das Ganze sei aber (meinte er) nichts als ein Adagio, und dies nun wieder eigentlich ein einziger lang ausgehaltener Ton Juliens, auf dem Romeo in den höchsten Himmel voll Liebe und Seligkeit hinaufschwebe. Endlich gestand er mir, wie er seinen Tod beschlossen und sich im nächsten Walde mit einer übermäßigen Quinte erdolchen werde. So wurde oft sein höchster Schmerz auf eine schauerliche Weise skurril. Noch in der Nacht, als er auf immer schied, brachte er seinem innigsten Freunde Hoffmann einen sorgfältig versiegelten Brief mit der dringenden Bitte, ihn gleich an die Behörde abzusenden. Das war aber nicht wohl tunlich, da der Brief die wunderliche Adresse hatte:

An den Freund und Gefährten in Liebe, Leid und Tod!

Cito Abzugeben in der Welt, dicht an der großen
par bonté Dornenhecke, der Grenze der Vernunft.

Verschlossen wurde der Brief aufbewahrt und es dem Zufall überlassen, jenen Freund und Gefährten näher zu bezeichnen. Es traf ein. Der Wallbornische Brief, gütigst von de la Motte Fouqué mitgeteilt, setzte es nämlich außer allen Zweifel, daß Kreisler unter jenem Freunde niemand anders, als den Baron Wallborn gemeint hatte. Beide Briefe wurden mit Vorwort von Fouqué und Hoffmann in dem dritten und letzten Heft der »Musen« abgedruckt, sie dürfen aber wohl auch hier schicklich den Kreislerianis, die der letzte Band der »Fantasiestücke« enthält, vorangehen, da das eigne Zusammentreffen Wallborns und Kreislers dem geneigten Leser, insofern er dem wunderlichen Johannes nur einigermaßen wohl will, nicht gleichgültig sein kann.

So wie übrigens Wallborn in verfehlter Liebe den Wahnsinn fand, so scheint auch Kreisler durch eine ganz phantastische Liebe zu einer Sängerin auf die höchste Spitze des Wahnsinns getrieben worden zu sein, wenigstens ist die Andeutung darüber in einem von ihm nachgelassenen Aufsatz, überschrieben: »Die Liebe des Künstlers«, enthalten. Dieser Aufsatz, sowie mehrere andere, die einen Zyklus des Rein-Geistigen in der Musik bilden, könnten vielleicht bald unter dem Titel: »Lichte Stunden eines wahnsinnigen Musikers«, in ein Buch gefaßt, erscheinen.

1 Brief des Barons Wallborn an den Kapellmeister Kreisler

Ew. Wohlgeboren befinden sich, wie ich vernehme, seit geraumer Zeit mit mir in einem und demselben Falle. Man hat nämlich Dieselben lange schon im Verdachte der Tollheit gehabt, einer Kunstliebe wegen, die etwas allzumerklich über den Leisten hinausgeht, welchen die sogenannte verständige Welt für dergleichen Messungen aufbewahrt. Es fehlte nur noch eins, um uns beide gänzlich zu Gefährten zu machen. Ew. Wohlgeboren waren schon früher der ganzen Geschichte überdrüssig geworden, und hatten sich entschlossen, davonzulaufen, ich hingegen blieb und blieb, und ließ mich quälen und verhöhnen, ja, was schlimmer ist, mit Ratschlägen bombardieren, und fand während dieser ganzen Zeit im Grunde meine beste Erquickung in Ihren zurückgelassenen Papieren, deren Anschauung mir durch Fräulein von B., o Sternbild in der Nacht! – bisweilen vergönnt ward. Dabei fiel mir ein, ich müsse Dieselben schon früher einmal irgendwo gesehen haben. Sind Ew. Wohlgeboren nicht ein kleiner wunderlicher Mann, mit einer Physiognomie, welche man in einiger Hinsicht dem von Alcibiades belobten Sokrates vergleichen kann? nämlich, weil der Gott im Gehäuse sich versteckt hinter eine wunderliche Maske, aber dennoch hervorsprüht mit gewaltigem Blitzen, keck, anmutig und furchtbar! Pflegen Ew. Wohlgeboren nicht einen Rock zu tragen, dessen Farbe man die allerseltsamste nennen könnte, wäre der Kragen darauf nicht von einer noch seltsamern? Und ist man nicht über die Form dieses Kleides zweifelhaft, ob es ein Leibrock ist, der zum Überrock werden will, oder ein Überrock, der sich zum Leibrock umgestaltet hat? Ein solcher Mann wenigstens stand einstmals neben mir im Theater, als jemand ein italienischer Buffo sein wollte und nicht konnte, aber vor meines Nachbars Witz und Lebensfeuer ward mir das Jammerspiel dennoch zum Lustspiel. Er nannte sich auf Befragen Dr. Schulz aus Rathenow, aber ich glaubte gleich nicht daran, eines seltsamen skurrilen Lächelns halber, das dabei um Ew. Wohlgeboren Mund zog; denn Sie waren es ohne Zweifel.

Zuvörderst lassen Sie mich Ihnen anzeigen, daß ich Ihnen seit kurzem nachgelaufen bin, und zwar an denselben Ort, das heißt in die weite Welt, wo wir uns denn auch zweifelsohne schon antreffen werden. Denn, obgleich der Raum breit scheinen möchte, so wird er doch für unsersgleichen durch die vernünftigen Leute recht furchtbarlich enge gemacht, so daß wir durchaus irgendwo aneinander rennen müssen, wäre es auch nur, wenn sich jeder von uns vor einem verständigen Manne auf ängstlicher Flucht befindet, oder gar vor den obenerwähnten Ratschlägen, welche man, beiläufig gesagt, wohl besser und kürzer geradezu und ohne Umschreibung Radschläge nennen könnte.

Für jetzt geht mein Bestreben dahin, Ew. Wohlgeboren einen kleinen Beitrag zu den von Ihnen aufgezeichneten musikalischen Leiden zu liefern.

Ist es Denenselben noch nie begegnet, daß Sie, um irgend etwas Musikalisches vorzutragen oder vortragen zu hören, sechs bis sieben Zimmer weit von der sprechenden Gesellschaft fortgingen, daß aber diese dessen ungeachtet hinterdrein gerannt kam und zuhörte, das heißt nach möglichsten Kräften schwatzte? Was mich betrifft, ich glaube, den Leuten ist zu diesem Zwecke kein Weg ein Umweg, kein Gang zu weit, keine Treppe, ja kein Gebirge zu steil und zu hoch.

Sodann: haben Ew. Wohlgeboren nicht vielleicht schon bemerkt, daß es keine tüchtigere Verächter der Musik gibt, ja sogar feindseligere Antipoden derselben, als alle echte Bediente? Reicht wohl irgend ein gegebener Befehl hin, sie die Türen nicht schmeißen zu lassen, oder gar leise zu gehen, oder auch nur eben nichts hinzuwerfen, wo sie gerade im Zimmer sind und sich irgend ein beseligender Klang aus Instrument oder Stimme erhebt? Aber sie tun mehr. Sie sind durch einen ganz besondern Höllengenius angewiesen, grade dann hereinzukommen, wenn die Seele in den Wogen der Töne schwillt, um etwas zu holen, oder zu flüstern, oder, wenn sie täppisch sind, mit roher, frecher Gemeinheit ordentlich lustig dreinzufragen. Und zwar nicht etwa während eines Zwischenspieles, oder in irgend einem minder wichtigen Augenblicke; nein, auf dem Gipfel aller Herrlichkeit, wo man seinem Atem gebieten möchte, stille zu stehn, um nichts von den goldnen Klängen fortzuhauchen, wo das Paradies aufgeht, leise, ganz leise vor den tönenden Akkorden – da, just da! – O Herr des Himmels und der Erden!

Doch ist nicht zu verschweigen, daß es vortreffliche Kinder gibt, die, vom reinsten Bedientengeist beseelt, dieselbe Rolle in Ermangelung jener Subjekte mit gleicher Vortrefflichkeit und gleichem Glück auszuführen imstande sind. Ach, und Kinder, wieviel gehört dazu, euch zu solchen Bedienten zu machen! – Es wird mir ernst, sehr ernst hierbei zu Sinne, und nur kaum vermag ich noch zu bemerken, daß dem Vorleser die gleichen anmutigen Wesen gleich erhebend und günstig sind.

Und galt denn die Träne, die jetzt gegen mein Auge herauf, der Blutstropfen, der mir stechend ans Herz drang – galten sie nur den Kindern allein?

Ach, es geschah Euch vielleicht noch nie, daß Ihr irgend ein Lied singen wolltet vor Augen, die Euch aus dem Himmel herab anzublicken schienen, die Euer ganzes, besseres Sein verschönt auf Euch herniederstrahlten, und daß Ihr auch wirklich anfingt, und glaubtet, o Johannes, nun habe Euer Laut die geliebte Seele durchdrungen, und nun, eben nun werde des Klanges höchster Schwung Tauperlen um jene zwei Sterne ziehen, mildernd und schmückend den seligen Glanz – und die Sterne wandten sich geruhig nach irgend einer Läpperei hin, etwa nach einer gefallenen Masche, und die Engelslippen verkniffen, unhold lächelnd, ein übermächtiges Gähnen – und, Herr, es war weiter nichts, als Ihr hattet die gnädige Frau ennuyiert.

Lacht nicht, lieber Johannes. Gibt es doch nichts Schmerzlicheres im Leben, nichts furchtbarer Zerstörendes, als wenn die Juno zur Wolke wird.

Ach Wolke, Wolke! Schöne Wolke!

Und im Vertrauen, Herr, hier liegt der Grund, warum ich das geworden bin, was die Leute toll nennen. – Aber ich bin nur selten wild dabei. Meist weine ich ganz still. Fürchte dich also nicht vor mir, Johannes, aber lachen mußt Du auch nicht. Und so wollen wir lieber von andern Dingen sprechen, und doch von nahverwandten, die mir innig für Dich aus dem Herzen heraufdringen.

Sieh, Johannes, Du kommst mir mit dem, was Du gegen alle ungeniale Musik eiferst, bisweilen sehr hart vor. Gibt es denn absolut ungeniale Musik? Und wieder von der andern Seite, gibt es denn absolut vollkommne Musik, als bei den Engeln? Es mag wohl mit daher kommen, daß mein Ohr weit minder scharf und verletzbar ist als Deines, aber ich kann Dir mit voller Wahrheit sagen, daß auch der schlechteste Klang einer verstimmten Geige mir lieber ist als gar keine Musik. Du wirst mich hoffentlich deswegen nicht verachten. Eine solche Dudelei, heiße sie nun Tanz oder Marsch, erinnert an das Höchste, was in uns liegt, und reißt mich mit süßen Liebes- oder Kriegestönen leicht über alle Mangelhaftigkeit in ihr seliges Urbild hinaus. Manche von den Gedichten, die man mir als gelungen gerühmt hat – törichter Ausdruck! – nein, die von Herzen zu Herzen gedrungen sind, verdanken den ersten Anklang ihres Daseins sehr ungestimmten Saiten, sehr ungeübten Fingern, sehr mißgeleiteten Kehlen.

Und dann, lieber Johannes, ist nicht der bloße Wunsch, zu musizieren schon etwas wahrhaft Rührendes und Erfreuliches? Und vollends das schöne Vertrauen, welches die herumziehenden Musikanten in Edelhof und Hütte leitet, das Vertrauen: Klang und Sang mache allwärts Bahn, worin sie auch im Grunde nur selten gestört werden durch mürrisch aufgeklärte Herrschaften und grobe Hunde! Ich möchte ebenso gern in ein Blumenbeet schlagen, als durch einen beginnenden Walzer schreien: »Packt euch aus dem Hause!« – Dazu haben sich dann schon immer lächelnde Kinder umhergestellt, aus allen Häusern, wohin das Klingen reichen konnte, ganz andere Kinder, als die oberwähnten Bedienten-Naturen, und bewähren durch ihre hoffenden Engelsmienen: die Musikanten haben recht.

Etwas schlimmer sieht es freilich oftmals mit dem sogenannten »Musik machen« in eleganten Zirkeln aus, aber auch dort – keine Saiten-, Flöten- und Stimmenklänge sind ohne göttlichen Hauch, und alle besser als das mögliche Gerede, welchem sie doch immer einigermaßen den Paß abschneiden.

Und, Kreisler, was Du nun vollends von der Lust sagst, welche Vater und Mutter in der stillen Haushaltung am Klavierklimpern und Gesangesstümpern ihrer Kindlein empfinden – ich sage dir, Johannes, da lautet wahr und wahrhaftig ein wenig Engelsharmonie daraus hervor, allen unreinen Erdentönen zum Trotz.

Ich habe wohl mehr geschrieben, als ich sollte, und möchte mich nun gern auf die vorhin angefangene sittliche Weise empfehlen. Das geht aber nicht. So nimm denn fürlieb, Johannes, und Gott segne Dich und segne mich, und entfalte gnädigst aus uns beiden, was er in uns gelegt hat, zu seinem Preis und unserer Nebenmenschen Lust!

Der einsame Wallborn

2 Brief des Kapellmeisters Kreisler an den Baron Wallborn

Ew. Hoch- und Wohlgeboren muß ich nur gleich, nachdem ich aus dem Komödienhause in meinem Stübchen angelangt und mit vieler Mühe Licht angeschlagen, recht ausführlich schreiben. Nehmen Ew. Hoch- und Wohlgeboren es aber doch ja nicht übel, wenn ich mich sehr musikalisch ausdrükken sollte, denn Sie wissen es ja wohl schon, daß die Leute behaupten, die Musik, die sonst in meinem Innern verschlossen, sei zu mächtig und stark herausgegangen, und habe mich so umsponnen und eingepuppt, daß ich nicht mehr heraus könne, und alles, alles sich mir wie Musik gestalte – und die Leute mögen wirklich recht haben. Doch, wie es nun auch gehen mag, ich muß an Ew. Hoch- und Wohlgeboren schreiben, denn wie soll ich anders die Last, die sich schwer und drückend auf meine Brust gelegt, in dem Augenblick als die Gardine fiel, und Ew. Hoch- und Wohlgeboren auf unbegreifliche Weise verschwunden waren, los werden.

Wie viel hatte ich noch zu sagen, unaufgelöste Dissonanzen schrieen recht widrig in mein Inneres hinein, aber eben als all die schlangenzüngigen Septimen herabschweben wollten in eine ganze lichte Welt freundlicher Terzen, da waren Ew. Hoch- und Wohlgeboren fort – fort – und die Schlangenzungen stachen und stachelten mich sehr! Ew. Hoch- und Wohlgeboren, den ich jetzt mit all jenen freundlichen Terzen ansingen will, sind doch kein anderer als der Baron Wallborn, den ich längst so in meinem Innern getragen, daß es mir, wenn alle meine Melodien sich wie *er* gestalteten und nun keck und gewaltig hervorströmten, oft schien: ich sei ja eben er selbst. – Als heute im Theater eine kräftige jugendliche Gestalt in Uniform, das klirrende Schwert an der Seite, recht mannlich und ritterhaft auf mich zutrat, da ging es so fremd und doch so bekannt durch mein Inneres, und ich wußte selbst nicht, welcher sonderbare Akkordwechsel sich zu regen und immer höher und höher anzuschwellen anfing. Doch der junge Ritter gesellte sich immer mehr und mehr zu mir, und in seinem Auge ging mir eine herrliche Welt, ein ganzes Eldorado süßer wonnevoller Träume auf – der wilde Akkordwechsel zerfloß in zarte Engelsharmonien, die gar wunderbarlich von dem Sein und Leben des Dichters sprachen, und nun wurde mir, da ich, wie Ew. Hoch- und Wohlgeboren versichert sein können, ein tüchtiger Praktikus in der Musik bin, die Tonart, aus der das Ganze ging, gleich klar. Ich meine nämlich, daß ich in dem jungen Ritter gleich Ew. Hoch- und Wohlgeboren den Baron Wallborn erkannte. – Als ich einige Ausweichungen versuchte, und als meine innere Musik lustig und sich recht kindisch und kindlich freuend in allerlei munteren Melodien, ergötzlichen Murkis und Walzern hervorströmte, da fielen Ew. Hoch- und Wohlgeboren überall in Takt und Tonart so richtig ein, daß ich gar keinen

Zweifel hege, wie Sie mich auch als den Kapellmeister Johannes Kreisler erkannt und sich nicht an den Spuk gekehrt haben werden, den heute abend der Geist Droll nebst einigen seiner Konsorten mit mir trieb. – In solch eigner Lage, wenn ich nämlich in den Kreis irgend eines Spuks geraten, pflege ich, wie ich wohl weiß, einige besondere Gesichter zu schneiden, auch hatte ich gerade ein Kleid an, das ich einst im höchsten Unmut über ein mißlungenes Trio gekauft, und dessen Farbe in cis-Moll geht, weshalb ich zu einiger Beruhigung der Beschauer einen Kragen aus E-Dur-Farbe darauf setzen lassen, Ew. Hoch- und Wohlgeboren wird das doch wohl nicht irritiert haben. – Zudem hatte man mich auch ja heute abend anders vorgezeichnet; ich hieß nämlich Doktor Schulz aus Rathenow, weil ich nur unter dieser Vorzeichnung, dicht am Flügel stehend, den Gesang zweier Schwestern anhören durfte – zwei im Wettgesang kämpfende Nachtigallen, aus deren tiefster Brust hell und glänzend die herrlichsten Töne auffunkelten. – Sie scheuten des Kreislers tollen Spleen, aber der Doktor Schulz war in dem musikalischen Eden, das ihm die Schwestern erschlossen, mild und weich und voll Entzükken, und die Schwestern waren versöhnt mit dem Kreisler, als in *ihn* sich der Doktor Schulz plötzlich umgestaltete. – Ach, Baron Wallborn, auch Ihnen bin ich wohl, vom Heiligsten sprechend, was in mir glüht, zu hart, zu zornig erschienen! Ach, Baron Wallborn – auch nach meiner Krone griffen feindselige Hände, auch mir zerrann in Nebel die himmlische Gestalt, die in mein tiefstes Innerstes gedrungen, die geheimsten Herzensfasern des Lebens erfassend. – Namenloser Schmerz zerschnitt meine Brust, und jeder wehmutsvolle Seufzer der ewig dürstenden Sehnsucht wurde zum tobenden Schmerz des Zorns, den die entsetzliche Qual entflammt hatte. – Aber, Baron Wallborn! glaubst Du nicht auch selbst, daß die von dämonischen Krallen zerrissene blutende Brust auch jedes Tröpfchen lindernden Balsams stärker und wohltätiger fühlt? – Du weißt, Baron Wallborn, daß ich mehrenteils über das Musiktreiben des Pöbels zornig und toll wurde, aber ich kann es Dir sagen, daß wenn ich oft von heillosen Bravour-Arien, Konzerten und Sonaten ordentlich zerschlagen und zerwalkt worden, oft eine kleine unbedeutende Melodie, von mittelmäßiger Stimme gesungen, oder unsicher und stümperhaft gespielt, aber treulich und gut gemeint und recht aus dem Innern heraus empfunden, mich tröstete und heilte. Begegnest Du daher, Baron Wallborn! solchen Tönen und Melodien auf Deinem Wege, oder siehst Du sie, wenn Du zu Deiner Wolke aufschwebst, unter Dir, wie sie in frommer Sehnsucht nach Dir aufblicken, so sage ihnen, Du wolltest sie wie liebe Kindlein hegen und pflegen, und Du wärst kein anderer, als der Kapellmeister Johannes Kreisler. – Denn sieh, Baron Wallborn! ich verspreche es Dir hiemit heilig, daß *ich* dann *Du* sein will, und ebenso voll Liebe, Milde und Frömmigkeit, wie Du. Ach, ich bin es ja wohl ohnedem! – Manches liegt bloß an dem Spuk, den oft meine eignen Noten treiben; die werden oft lebendig und springen wie kleine schwarze vielgeschwänzte Teufelchen empor aus den weißen Blättern – sie reißen mich fort im wilden unsinnigen Dreher, und ich mache ganz ungemeine Bocksprünge und schneide unziemliche Gesichter, aber ein einziger Ton, aus heiliger Glut seinen Strahl schießend, löst diesen Wirrwarr, und ich bin fromm und gut und geduldig. – Du siehst, Baron Wallborn, daß das alles wahrhafte Terzen sind, in die alle Septimen verschweben; und damit du diese Terzen recht deutlich vernehmen möchtest, deshalb schrieb ich Dir!

Gott gebe, daß, so wie wir uns schon seit langer Zeit im Geiste gekannt und geschaut, wir auch noch oft wie heute abend leiblich zusammentreffen mögen, denn Deine Blicke, Baron Wallborn! fallen recht in mein Innerstes, und oft sind ja die Blicke selbst herrliche Worte, die mir wie eigene in tiefer Brust erglühte Melodien tönen. Doch treffen werde ich Dich noch oft, da ich morgen eine große Reise nach der Welt antreten werde und daher schon neue Stiefeln angezogen.

Glaubst Du nicht, Baron Wallborn! daß oft Dein Wort meine Melodie und meine Melodie Dein Wort sein könnte? – Ich habe in diesem Augenblick zu einem schönen Liede die Noten aufgeschrieben, dessen Worte Du früher setztest, unerachtet es mir so ist, als hätte in demselben Augenblick, da das Lied in Deinem Innern aufging, auch in mir die Melodie sich entzünden müssen. – Zuweilen kommt es mir vor, als sei das Lied eine ganze Oper! – Ja! – Gott gebe, daß ich Dich, Du freundlicher, milder Ritter, bald wieder mit meinen leiblichen Augen so schauen möge, wie Du stets vor meinen geistigen lebendig stehst und gehst. Gott segne Dich und erleuchte die Menschen, daß sie Dich genugsam erkennen mögen in Deinem herrlichen Tun und Treiben. Dies sei der heitre beruhigende Schlußakkord in der Tonika.

Johannes Kreisler,
Kapellmeister, wie auch
verrückter Musikus par excellence

3 Kreislers musikalisch-poetischer Klub

Alle Uhren, selbst die trägsten, hatten schon acht geschlagen, die Lichter waren angezündet, der Flügel stand geöffnet, und des Hauswirts Tochter, die den kleinen Dienst bei dem Kreisler besorgte, hatte schon zweimal ihm verkündet, daß das Teewasser übermäßig koche. Endlich klopfte es an die Tür, und der *treue Freund* trat mit dem *Bedächtigen* herein. Ihnen folgten bald der Unzufriedene, der Joviale und der Gleichgültige. Der Klub war beisammen, und Kreisler schickte sich an, wie gewöhnlich, durch eine symphonienmäßige Phantasie alles in Ton und Takt zu richten, ja wohl sämtliche Klubbisten, die einen gar musikalischen Geist in sich hegten, so viel nötig, aus dem staubigen Kehricht, in dem sie Tag über herumzutreten genötigt gewesen, einige Klafter höher hinauf in reinere Luft zu erheben. Der Bedächtige sah sehr ernsthaft, beinahe tiefsinnig aus und sprach: »Wie übel wurde doch neulich Euer Spiel, lieber Kreisler! durch den stockenden Hammer unterbrochen, habt Ihr denselben reparieren lassen?« – »Ich denke, ja!« erwiderte Kreisler. »Davon müssen wir uns überzeugen«, fuhr der Bedächtige fort, und damit steckte er ausdrücklich das Licht an, welches sich auf dem breiten Schreibeleuchter befand, und forschte, ihn über die Saiten haltend, sehr bedächtig nach dem invaliden Hammer. Da fiel aber die schwere auf dem Leuchter liegende Lichtschere herab, und im grellen Ton aufrauschend, sprangen zwölf bis funfzehn Saiten. Der Bedächtige sagte bloß: »Ei, seht doch!« Kreisler verzog das Gesicht, als wenn man in eine Zitrone beißt. »Teufel, Teufel!« schrie der Unzufriedene, »gerade heute habe ich mich so auf Kreislers Phantasie gefreut – gerade heute! – in meinem ganzen Leben bin ich nicht so auf Musik erpicht gewesen.« – »Im Grunde«, fiel der Gleichgültige ein, »liegt so sehr viel nicht daran, ob wir mit Musik anfangen oder nicht.« Der treue Freund meinte: schade sei es allerdings, daß Kreisler nun nicht spielen könne, allein man müsse dadurch sich nicht außer Fassung bringen lassen. »Spaß werden wir ohnehin genug haben«, sagte der Joviale, nicht ohne eine gewisse Bedeutung in seine Worte zu legen. »Und ich will *doch* phantasieren«, rief Kreisler, »im Baß ist alles ganz geblieben, und das soll mir genug sein.«

Nun setzte Kreisler sein kleines rotes Mützchen auf, zog seinen chinesischen Schlafrock an und begab sich ans Instrument. Die Klubbisten mußten Platz nehmen auf dem Sofa und auf den Stühlen, und der treue Freund löschte auf Kreislers Geheiß sämtliche Lichter aus, so daß man sich in dicker schwarzer Finsternis befand. Kreisler griff nun pianissimo mit gehobenen Dämpfern im Baß den vollen As-Dur-Akkord. Sowie die Töne versäuselten, sprach er:

»Was rauscht denn so wunderbar, so seltsam um mich her? – Unsichtbare Fittige wehen auf und nieder – ich schwimme im duftigen Äther. – Aber der Duft erglänzt in flammenden, geheimnisvoll verschlungenen Kreisen. Holde Geister sind es, die die goldnen Flügel regen in überschwenglich herrlichen Klängen und Akkorden.«

As-Moll-Akkord (mezzoforte)

»Ach! – sie tragen mich ins Land der ewigen Sehnsucht, aber wie sie mich erfassen, erwacht der Schmerz und will aus der Brust entfliehen, indem er sie gewaltsam zerreißt.«

E-Dur-Sexten-Akkord (ancora più forte)

»Halt dich standhaft, mein Herz! – brich nicht berührt von dem sengenden Strahl, der die Brust durchdrang. – Frisch auf, mein wackrer Geist! – rege und hebe dich empor in dem Element, das dich gebar, das deine Heimat ist!«

E-Dur-Terz-Akkord (forte)

»Sie haben mir eine herrliche Krone gereicht, aber was in den Diamanten so blitzt und funkelt, das sind die tausend Tränen, die ich vergoß, und in dem Golde gleißen die Flammen, die mich verzehrten. – Mut und Macht – Vertrauen und Stärke dem, der zu herrschen berufen ist im Geisterreich!«

A-Moll (harpeggiando-dolce)

»Warum fliehst du, holdes Mädchen? Vermagst du es denn, da dich überall unsichtbare Bande festhalten? Du weißt es nicht zu sagen, nicht zu klagen, was sich so in deine Brust gelegt hat wie ein nagender Schmerz und dich doch mit süßer Lust durchbebt? Aber alles wirst du wissen, wenn ich mit dir rede, mit dir kose in der Geistersprache, die ich zu sprechen vermag und die du so wohl verstehst!«

F-Dur

»Ha, wie geht das Herz dir auf in Sehnsucht und Liebe, wenn ich dich voll glühendem Entzücken mit Melodien wie mit liebenden Armen umfasse. – Du magst nie mehr weichen von mir, denn jene geheime Ahnungen, die deine Brust beengten, sind erfüllt. Der Ton sprach wie ein tröstendes Orakel aus meinem Innern zu dir!«

B-Dur (accentuato)

»Welch lustiges Leben in Flur und Wald in holder Frühlingszeit! – Alle Flöten und Schalmeien, die Winters über in staubigen Winkeln wie zum Tode erstarrt lagen, sind wach worden, und haben sich auf alle Lieblingsstückchen besonnen, die sie nun lustig trillerieren, gleich den Vögelein in den Lüften.«

B-Dur mit der kleinen Septime (smanioso)

»Ein lauer West geht wie ein düsteres Geheimnis dumpf klagend durch den Wald, und wie er vorüberstreift, flüstern die Fichten – die Birken untereinander: ›Warum ist unser Freund so traurig worden? – Horchst du auf ihn, holde Schäferin?‹«

Es-Dur (forte)

»Zieh ihm nach! – zieh ihm nach! – Grün ist sein Kleid wie der dunkle Wald – süßer Hörnerklang sein sehnendes Wort! – Hörst du es rauschen hinter den Büschen? Hörst du es tönen? – Hörnerton, voll Lust und Wehmut! – Er ist's – auf! ihm entgegen!«

D-Terz-Quart-Sext-Akkord (piano)

»Das Leben treibt sein neckendes Spiel auf allerlei Weise. – Warum wünschen – warum hoffen – warum verlangen?«

C-Dur-Terz-Akkord (fortissimo)

»Aber in toller wilder Lust laßt uns über den offnen Gräbern tanzen. – Laßt uns jauchzen – die da unten hören es nicht. – Heisa – Heisa – Tanz und Jubel, der Teufel zieht ein mit Pauken und Trompeten!«

C-Moll-Akkorde (fortissimo hintereinander fort)

»Kennt ihr ihn nicht? – Kennt ihr ihn nicht? – Seht, er greift mit glühender Kralle nach meinem Herzen! – er maskiert sich in allerlei tolle Fratzen – als Freijäger – Konzertmeister – Wurmdoktor – ricco mercante – er schmeißt mir Lichtscheren in die Saiten, damit ich nur nicht spielen soll! – Kreisler – Kreisler! raffe dich auf! – Siehst du es lauern, das bleiche Gespenst mit den rot funkelnden Augen – die krallichten Knochenfäuste aus dem zerrissenen Mantel nach dir ausstreckend? – die Strohkrone auf dem kahlen glatten Schädel schüttelnd! – Es ist der Wahnsinn – Johannes halte dich tapfer. – Toller, toller Lebensspuk, was rüttelst du mich so in deinen Kreisen? Kann ich dir nicht entfliehen? – Kein Stäubchen im Universum, auf das ich, zur Mücke verschrumpft, vor dir, grausiger Quälgeist, mich retten könnte? – Laß ab von mir! – ich will artig sein! ich will glauben, der Teufel sei ein Galanthuomo von den feinsten Sitten! – honni soit qui mal y pense – ich verfluche den Gesang, die Musik – ich lecke dir die Füße wie der trunkne Kaliban – nur erlöse mich von der Qual – hei, hei, Verruchter, du hast mir alle Blumen zertreten – in schauerlicher Wüste grünt kein Halm mehr – tot – tot – tot –«

Hier knisterte ein kleines Flämmchen auf – der treue Freund hatte schnell ein chemisches Feuerzeug hervorgezogen und zündete beide Lichter an, um so dem Kreisler alles weitere Phantasieren abzuschneiden, denn er wußte wohl, daß Kreisler sich nun gerade auf einem Punkt befand, von dem er sich gewöhnlich in einen düstern Abgrund hoffnungsloser Klagen stürzte. In dem Augenblick brachte auch die Wirtstochter den dampfenden Tee herein. Kreisler sprang vom Flügel auf. – »Was soll denn das nun alles«, sprach der Unzufriedene, »ein gescheites Allegro von Haydn ist mir lieber als all der tolle Schnickschnack.« – »Aber nicht ganz übel war es doch«, fiel der Gleichgültige ein. »Nur zu düster, viel zu düster«, nahm der Joviale das Wort, »es tut not, unser Gespräch heute ins Lustige, Luftige hinauszutreiben.« – Die Klubbisten bemühten sich, den Rat des Jovialen zu befolgen, aber wie ein fernes dumpfes Echo tönten Kreislers schauerliche Akkorde – seine entsetzlichen Worte nach, und erhielten die gespannte Stimmung, in die Kreisler alle versetzt hatte. Der Unzufriedene, in der Tat höchst unzufrieden mit dem Abend, den, wie er sich ausdrückte, Kreislers törichte Phantasterei verdarb, brach auf mit dem Bedächtigen. Ihnen folgte der Joviale, und nur der reisende Enthusiast und treue Freund (beide sind, wie es hier ausdrücklich bemerkt wird, in einer Person vereinigt) blieb noch bei dem Kreisler zurück. Dieser saß schweigend mit verschränkten Armen auf dem Sofa. »Ich weiß nicht«, sprach der treue Freund, »wie du mir heute vorkommst, Kreisler! – Du bist so aufgeregt, und doch ohne allen Humor, gar nicht so, wie sonst!« – »Ach, Freund!« erwiderte Kreisler, »ein düstrer Wolkenschatten geht über mein Leben hin! – Glaubst du nicht, daß es einer armen unschuldigen Melodie, welche keinen – keinen Platz auf der Erde begehrt, vergönnt sein dürfte, frei und harmlos durch den weiten Himmelsraum zu ziehen? – Ei, ich möchte nur gleich auf meinem chinesischen Schlafrock wie auf einem Mephistophelesmantel hinausfahren durch jenes Fenster dort!« – »Als harmlose Melodie?« fiel der treue Freund lächelnd ein. »Oder als basso ostinato, wenn du lieber willst«, erwiderte Kreisler, »aber fort muß ich bald auf irgend eine Weise.« Es geschah auch bald, wie er gesprochen.

4 Nachricht von einem gebildeten jungen Mann

Es ist herzerhebend, wenn man gewahr wird, wie die Kultur immer mehr um sich greift; ja, wie selbst aus Geschlechtern, denen sonst die höhere Bildung verschlossen, sich Talente zu einer seltenen Höhe aufschwingen. In dem Hause des Geheimen Kommerzienrats R. lernte ich einen jungen Mann kennen, der mit den außerordentlichsten Gaben eine liebenswürdige Bonhommie verbindet. Als ich einst zufällig von dem fortdauernden Briefwechsel sprach, den ich mit meinem Freunde Charles Ewson in Philadelphia unterhalte, übergab er mir voll Zutrauen einen offenen Brief, den er an seine Freundin geschrieben hatte, zur Bestellung. – Der Brief ist abgesendet: aber mußte ich nicht, liebenswürdiger Jüngling, dein Schreiben abschriftlich, als ein Denkmal deiner hohen Weisheit und Tugend, deines echten Kunstgefühls bewahren? – Nicht verhehlen kann ich, daß der seltene junge Mann seiner Geburt und ursprünglichen Profession nach eigentlich – ein Affe ist, der im Hause des Kommerzienrats sprechen, lesen, schreiben, musizieren und so weiter lernte; kurz, es in der Kultur so weit brachte, daß er seiner Kunst und Wissenschaft, sowie der Anmut seiner Sitten wegen, sich eine Menge Freunde erwarb und in allen geistreichen Zirkeln gern gesehen wird. Bis auf Kleinigkeiten, zum Beispiel daß er bei den Thés dansants in den Hops-Angloisen zuweilen etwas sonderbare Sprünge ausführt, daß er ohne gewisse innere Bewegungen nicht wohl mit Nüssen klappern hören kann, sowie (doch dies mag ihm vielleicht nur der Neid, der alle Genies verfolgt, nachsagen) daß er, der Handschuhe unerachtet, die Damen beim Handkuß etwas weniges kratzt, merkt man auch nicht das mindeste von seiner exotischen Herkunft, und alle die kleinen Schelmereien, die er sonst in jüngern Jahren ausübte, wie zum Beispiel wenn er den ins Haus Eintretenden schnell die Hüte vom Kopfe riß und hinter ein Zuckerfaß sprang, sind jetzt zu geistreichen Bonmots geworden, welche mit jauchzendem Beifall beklatscht werden. – Hier ist der merkwürdige Brief, in dem sich Milos schöne Seele und herrliche Bildung ganz ausspricht.

Schreiben Milos, eines gebildeten Affen,
an seine Freundin Pipi in Nordamerika

Mit einer Art von Entsetzen denke ich noch an die unglückselige Zeit, als ich dir, geliebte Freundin, die zärtlichsten Gesinnungen meines Herzens nicht anders, als durch unschickliche, jedem Gebildeten unverständliche Laute auszudrücken vermochte. Wie konnte doch das mißtönende, weinerliche: »Ae, Ae!«, das ich damals, wiewohl von manchem zärtlichen

Blick begleitet, ausstieß, nur im mindesten das tiefe, innige Gefühl, das sich in meiner männlichen, wohlbehaarten Brust regte, andeuten? Und selbst meine Liebkosungen, die Du, kleine süße Freundin, damals mit stiller Ergebung dulden mußtest, waren so unbehülflich, daß ich jetzt, da ich es in dem Punkt dem besten primo amoroso gleichtue, und à la Duport die Hand küsse, rot darüber werden könnte, wenn nicht ein gewisser robuster Teint, der mir eigen, dergleichen verhinderte. Unerachtet des Glücks der höchsten innern Selbstzufriedenheit, die jene unter den Menschen erhaltene Bildung in mir erzeugt hat, gibt es dennoch Stunden, in denen ich mich recht abhärme, wiewohl ich weiß, daß dergleichen Anwandlungen, ganz dem sittlichen Charakter, den man durch die Kultur erwirbt, zuwider, noch aus dem rohen Zustande herrühren, der mich in einer Klasse von Wesen festhielt, die ich jetzt unbeschreiblich verachte. Ich bin nämlich dann töricht genug, an unsere armen Verwandten zu denken, die noch in den weiten, unkultivierten Wäldern auf den Bäumen herumhüpfen, sich von rohen, nicht erst durch Kunst schmackhaft gewordenen Früchten nähren, und vorzüglich abends gewisse Hymnen anstimmen, in denen kein Ton richtig und an irgend einen Takt, sei es auch der neuerfundene Siebenachtel- oder Dreizehnvierteltakt, gar nicht zu denken ist. An diese Armen, die mich doch eigentlich nun gar nichts mehr angehen, denke ich dann und erwehre mich kaum eines tiefen Mitleids mit ihnen. Vorzüglich liegt mir noch zuweilen unser alter Onkel (nach meinen Erinnerungen muß es ein Onkel von mütterlicher Seite gewesen sein) im Sinn, der uns nach seiner dummen Weise erzog und alles nur mögliche anwandte, uns von allem, was menschlich, entfernt zu halten. Er war ein ernster Mann, der niemals Stiefeln anziehen wollte, und ich höre noch sein warnendes, ängstliches Geschrei, als ich mit lüsternem Verlangen die schönen, neuen Klappstiefeln anblickte, die der schlaue Jäger unter dem Baum stehen lassen, auf dem ich gerade mit vielem Appetit eine Kokusnuß verzehrte. Ich sah noch in der Entfernung den Jäger gehen, dem die, den zurückgelassenen ganz ähnlichen, Klappstiefeln herrlich standen. Der ganze Mann erhielt eben nur durch die wohlgewichsten Stiefeln für mich so etwas Grandioses und Imposantes – nein, ich konnte nicht widerstehen; der Gedanke, ebenso stolz, wie jener, in neuen Stiefeln einherzugehen, bemächtigte sich meines ganzen Wesens; und war es nicht schon ein Beweis der herrlichen Anlagen zur Wissenschaft und Kunst, die in mir nur geweckt werden durften, daß ich, vom Baum herabgesprungen, leicht und gewandt, als hätte ich zeitlebens Stiefeln getragen, mit den stählernen Stiefelanziehern den schlanken Beinen die ungewohnte Bekleidung anzuzwängen wußte? Daß ich freilich nachher nicht laufen konnte, daß der Jäger nun auf mich zuschritt, mich ohne weiteres beim Kragen nahm und fortschleppte, daß der alte Onkel erbärmlich schrie und uns Kokusnüsse nachwarf, wovon mich eine recht hart ans hintere linke Ohr traf, wider den Willen des bösen Alten aber vielleicht herrliche, neue Organe zur Reife gebracht hat: alles dieses weißt Du, Holde, da Du selbst ja heulend und jammernd Deinem Geliebten nachliefest und so auch freiwillig Dich in die Gefangenschaft begabst. – Was sage ich Gefangenschaft! Hat diese Gefangenschaft uns nicht die größte Freiheit gegeben? Ist etwas herrlicher als die Ausbildung des Geistes, die uns unter den Menschen geworden? – Ich zweifle nämlich nicht, daß Du, liebe Pipi, bei Deiner angebornen Lebhaftigkeit, bei Deiner Fassungsgabe, Dich auch etwas weniges auf die Künste und Wissenschaften gelegt haben wirst, und in diesem Vertrauen unterscheide ich

Dich auch ganz von den bösen Verwandten in den Wäldern. Ha! unter ihnen herrscht noch Sittenlosigkeit und Barbarei, ihre Augen sind trocken und sie sind gänzlich ohne Tiefe des Gemüts! Freilich kann ich wohl voraussetzen, daß Du in der Bildung nicht so weit vorgeschritten sein wirst als ich, denn ich bin nunmehr, wie man zu sagen pflegt, ein gemachter Mann; ich weiß durchaus alles, bin daher ebensogut wie ein Orakel, und herrsche im Reich der Wissenschaft und Kunst hier unumschränkt. Du wirst gewiß glauben, süße Kleine, daß es mich unendlich viel Mühe gekostet habe, auf diese hohe Stufe der Kultur zu gelangen, im Gegenteil kann ich Dich versichern, daß mir nichts in der Welt leichter geworden als das; ja, ich lache oft darüber, daß in meiner frühen Jugend mir die verdammten Springübungen von einem Baum zum andern manchen Schweißtropfen ausgepreßt, welches ich bei dem Gelehrt- und Weisewerden nie verspürt habe. Das hat sich vielmehr so ganz leicht von selbst gefunden, und es war beinahe schwerer, zur Erkenntnis zu gelangen, ich säße nun wirklich schon auf der obersten Stufe, als hinaufzuklettern. Dank sei es meinem herrlichen Ingenio und dem glücklichen Wurf des Onkels! – Du mußt nämlich wissen, liebe Pipi, daß die geistigen Anlagen und Talente wie Beulen am Kopfe liegen und mit Händen zu greifen sind; mein Hinterhaupt fühlt sich an wie ein Beutel mit Kokusnüssen, und jenem Wurf ist vielleicht noch manches Beulchen und mit ihm ein Talentchen entsprossen. Ich hab es in der Tat recht dick hinter den Ohren! – Jener Nachahmungstrieb, der unserm Geschlecht eigen, und der ganz ungerechterweise von den Menschen so oft belacht wird, ist nichts weiter, als der unwiderstehliche Drang, nicht sowohl Kultur zu erlangen, als die uns schon inwohnende zu zeigen. Dasselbe Prinzip ist bei den Menschen längst angenommen, und die wahrhaft Weisen, denen ich immer nachgestrebt, machen es in folgender Art. Es verfertigt irgend jemand etwas, sei es ein Kunstwerk oder sonst; alles ruft: »Das ist vortrefflich«; gleich macht der Weise, von innerm Beruf beseelt, es nach. Zwar wird etwas anders daraus; aber er sagt: »So ist es eigentlich recht, und jenes Werk, das ihr für vortrefflich hieltet, gab mir nur den Sporn, das wahrhaft Vortreffliche ans Tageslicht zu fördern, das ich längst in mir trug.« Es ist ungefähr so, liebe Pipi, als wenn einer unserer Mitbrüder sich beim Rasieren zwar in die Nase schneidet, dadurch aber dem Stutzbart einen gewissen originellen Schwung gibt, den der Mann, dem er es absah, niemals erreicht. Eben jener Nachahmungstrieb, der mir von jeher ganz besonders eigen, brachte mich einem Professor der Ästhetik, dem liebenswürdigsten Mann von der Welt, näher, von dem ich nachher die ersten Aufklärungen über mich selbst erhielt und der mir auch das Sprechen beibrachte. Noch ehe ich dieses Talent ausgebildet, war ich oft in auserlesener Gesellschaft witziger, geistreicher Menschen. Ich hatte ihre Mienen und Gebärden genau abgesehen, die ich geschickt nachzuahmen wußte; dies und meine anständige Kleidung, mit der mich mein damaliger Prinzipal versehen, öffnete mir nicht allein jederzeit die Tür, sondern ich galt allgemein für einen jungen Mann von feinem Weltton. Wie sehnlich wünschte ich sprechen zu können; aber im Herzen dachte ich: O Himmel, wenn du nun auch sprechen kannst, wo sollst du all die tausend Einfälle und Gedanken hernehmen, die denen da von den Lippen strömen? Wie sollst du es anfangen, von den tausend Dingen zu sprechen, die du kaum dem Namen nach kennst? Wie sollst du über Werke der Wissenschaft und Kunst so bestimmt urteilen, wie jene da, ohne in diesem Gebiete einheimisch zu sein? – Sowie ich nur einige Worte zusammenhängend herausbringen konnte, eröffnete ich meinem lieben Lehrer, dem Professor der Ästhetik, meine Zweifel und Bedenken; der lachte mir aber ins Gesicht und sprach: »Was glauben Sie denn, lieber Monsieur Milo? Sprechen, sprechen, sprechen müssen Sie lernen, alles übrige findet sich von selbst. Geläufig, gewandt, geschickt sprechen, das ist das ganze Geheimnis. Sie werden selbst erstaunen, wie Ihnen im Sprechen die Gedanken kommen, wie Ihnen die Weisheit aufgeht, wie die göttliche Suada Sie in alle Tiefen der Wissenschaft und Kunst hineinführt, daß Sie ordentlich in Irrgängen zu wandeln glauben. Oft werden Sie sich selbst nicht verstehen: dann befinden Sie sich aber gerade in der wahren Begeisterung, die das Sprechen hervorbringt. Einige leichte Lektüre kann Ihnen übrigens wohl nützlich sein, und zur Hülfe merken Sie sich einige angenehme Phrasen, die überall vorteilhaft eingestreut werden und gleichsam zum Refrain dienen können. Reden Sie viel von den Tendenzen des Zeitalters – wie sich das und jenes rein ausspreche – von Tiefe des Gemüts – von gemütvoll und gemütlos und so weiter.« – O meine Pipi, wie hatte der Mann recht! wie kam mir mit der Fertigkeit des Sprechens die Weisheit! – Mein glückliches Mienenspiel gab meinen Worten Gewicht, und in dem Spiegel habe ich gesehen, wie schön meine von Natur etwas gerunzelte Stirn sich ausnimmt, wenn ich diesem oder jenem Dichter, den ich nicht verstehe, weshalb er denn unmöglich was taugen kann, Tiefe des Gemüts rein abspreche. Überhaupt ist die innere Überzeugung der höchsten Kultur der Richterstuhl, dem ich bequem jedes Werk der Wissenschaft und Kunst unterwerfe, und das Urteil infallibel, weil es aus dem Innern von selbst, wie ein Orakel, entsprießt. – Mit der Kunst habe ich mich vielfach beschäftigt – etwas Malerei, Bildhauerkunst, mitunter Modellieren. – Dich, süße Kleine, formte ich als Diana nach der Antike – aber all den Krimskrams hatte ich bald satt; nur die Musik zog mich vor allen Dingen an, weil sie Gelegenheit gibt, so eine ganze Menge Menschen, mir nichts, dir nichts, in Erstaunen und Bewunderung zu setzen, und schon meiner natürlichen Organisation wegen wurde bald das Fortepiano mein Lieblingsinstrument. Du kennst, meine Süße, die etwas länglichen Finger, welche mir die Natur verliehen; mit denen spanne ich nun Quartdezimen, ja zwei Oktaven, und dies, nebst einer enormen Fertigkeit, die Finger zu bewegen und zu rühren, ist das ganze Geheimnis des Fortepianospiels. Tränen der Freude hat der Musikmeister über die herrlichen, natürlichen Anlagen seines Scholaren vergossen, denn in kurzer Zeit habe ich es so weit gebracht, daß ich mit beiden Händen in zweiunddreißig – vierundsechzig – einhundertundachtundzwanzig – Teilen ohne Anstoß auf und ab laufe, mit allen Fingern gleich gute Triller schlage, drei, vier Oktaven herauf und herab springe, wie ehemals von einem Baum zum andern, und bin hiernach der größte Virtuos, den es geben kann. Mir sind alle vorhandene Flügelkompositionen nicht schwer genug; ich komponiere mir daher meine Sonaten und Konzerte selbst; in letztern muß jedoch der Musikmeister die Tutti machen: denn wer kann sich mit den vielen Instrumenten und dem unnützen Zeuge überhaupt befassen! Die Tutti der Konzerte sind ja ohnedies nur notwendige Übel, und nur gleichsam Pausen, in denen sich der Solospieler erholt und zu neuen Sprüngen rüstet. – Nächstdem habe ich mich schon mit einem Instrumentenmacher besprochen, wegen eines Fortepiano von neun bis zehn Oktaven: denn kann sich wohl das Genie beschränken auf den elenden Umfang von erbärmlichen sieben Oktaven? Außer den gewöhnlichen Zügen, der türkischen Trommel und Becken, soll er noch einen Trompetenzug, sowie ein Flageolettregister, das, soviel möglich, das Gezwitscher der Vögel nachahmt, anbringen. Du wirst gewahr, liebe Pipi, auf welche sublime Gedanken ein Mann von Geschmack und Bildung gerät! – Nachdem ich mehrere Sänger großen Beifall einernten gehört, wandelte mich auch eine unbeschreibliche Lust an, ebenfalls zu singen, nur schien es mir leider, als habe mir die Natur jedes Organ dazu schlechterdings versagt; doch konnte ich nicht unterlassen, einem berühmten Sänger, der mein intimster Freund geworden, meinen Wunsch zu eröffnen, und zugleich mein Leid, wegen der Stimme, zu klagen. Dieser schloß mich aber in die Arme und rief voll Enthusiasmus: »Glückseliger Monsieur, Sie sind bei Ihren musikalischen Fähigkeiten und der Geschmeidigkeit ihres Organs, die ich längst bemerkt, zum großen Sänger geboren; denn die größte Schwierigkeit ist bereits überwunden. Nichts ist nämlich der wahren Singkunst so sehr entgegen, als eine gute, natürliche Stimme, und es kostet nicht wenig Mühe bei jungen Scholaren, die wirklich Singstimme haben, diese Schwierigkeit aus dem Wege zu räumen. Gänzliches Vermeiden aller haltenden Töne, fleißiges Üben der tüchtigsten Rouladen, die den gewöhnlichen Umfang der menschlichen Stimme weit übersteigen, und vornehmlich das angestrengte Hervorrufen des Falsetts, in dem der wahrhaft künstliche Gesang seinen Sitz hat, hilft aber gewöhnlich nach einiger Zeit; die robusteste Stimme widersteht selten lange diesen ernsten Bemühungen: aber bei Ihnen, Geehrtester, ist nichts aus dem Wege zu räumen; in kurzer Zeit sind Sie der sublimste Sänger, den es gibt!« – – Der Mann hatte recht, nur weniger Übung bedurfte es, um ein herrliches Falsett und eine Fertigkeit zu entwickeln, hundert Töne in einem Atem herauszustoßen, was mir denn den ungeteiltesten Beifall der wahren Kenner erwarb, und die armseligen Tenoristen, welche sich auf ihre Bruststimme wunder was zugute tun, unerachtet sie kaum einen Mordent herausbringen, in Schatten stellte. Mein Maestro lehrte mich gleich anfänglich drei ziemlich lange Manieren, in welchen aber die Quintessenz aller Weisheit des künstlichen Gesanges steckt, so daß man sie, bald so, bald anders gewendet, ganz oder stückweise, unzähligemal wiederbringen, ja, zu dem Grundbaß der verschiedensten Arien, statt der von dem Komponisten intendierten Melodie, nur jene Manieren auf allerlei Weise singen kann. Welcher rauschende Beifall mir schon eben der Ausführung dieser Manieren wegen gezollt worden, meine Süße, kann ich Dir nicht beschreiben, und Du bemerkst überhaupt, wie auch in der Musik das natürliche, mir inwohnende Ingenium mir alles so herzlich leicht machte. – Von meinen Kompositionen habe ich schon gesprochen, aber gerade das liebe Komponieren – muß ich es nicht, um nur meinem Genie ihm würdige Werke zu verschaffen, so überlasse ich es gern den untergeordneten Subjekten, die nun einmal dazu da sind, uns Virtuosen zu dienen, das heißt Werke anzufertigen, in denen wir unsere Virtuosität zeigen können. – Ich muß gestehen, daß es ein eigen Ding mit all dem Zeuge ist, das die Partitur anfüllt. Die vielen Instrumente, der harmonische Zusammenklang – sie haben ordentliche Regeln darüber; aber für ein Genie, für einen Virtuosen ist das alles viel zu abgeschmackt und langweilig. Nächstdem darf man, um sich von jeder Seite in Respekt zu halten, worin die größte Lebensweisheit besteht, auch nur für einen Komponisten *gelten;* das ist genug. Hatte ich zum Beispiel in einer Gesellschaft in einer Arie des gerade anwesenden Komponisten recht vielen Beifall eingeerntet, und war man im Begriff, einen Teil dieses Beifalls dem Autor zuzuwenden: so warf ich mit einem gewissen finstern, tiefschauenden Blick, den ich bei meiner charaktervollen Physiognomie überaus gut zu machen verstehe, ganz leicht hin: »Ja, wahrhaftig, ich muß nun auch meine neue Oper vollenden!«, und diese Äußerung riß alles zu neuer Bewunderung hin, so daß darüber der Komponist, der wirklich vollendet hatte, ganz vergessen wurde. Überhaupt steht es dem Genie wohl an, sich so geltend zu machen, als möglich; und es darf nicht verschweigen, wie ihm alles das, was in der Kunst geschieht, so klein und erbärmlich vorkommt gegen das, was es in allen Teilen derselben und der Wissenschaft produzieren könnte, wenn es nun gerade wollte und die Menschen der Anstrengung wert wären. – Gänzliche Verachtung alles Bestrebens anderer; die Überzeugung, alle, die gern schweigen und nur im stillen schaffen, ohne davon zu sprechen, weit, weit zu übersehen; die höchste Selbstzufriedenheit mit allem, was nun so ohne alle Anstrengung die eigene Kraft hervorruft: das alles sind untrügliche Zeichen des höchstkultivierten Genies, und wohl mir, daß ich alles das täglich, ja stündlich an mir bemerke. – So kannst Du Dir nun, süße Freundin, ganz meinen glücklichen Zustand, den ich der erlangten hohen Bildung verdanke, vorstellen. – Aber kann ich Dir denn nur das mindeste, was mir auf dem Herzen liegt, verschweigen? – Soll ich es Dir, Holde, nicht gestehen, daß noch öfters gewisse Anwandlungen, die mich ganz unversehens überfallen, mich aus dem glücklichen Behagen reißen, das meine Tage versüßt? – O Himmel, wie ist doch die früheste Erziehung so von wichtigem Einfluß auf das ganze Leben! und man sagt wohl mit Recht, daß schwer zu vertreiben sei, was man mit der Muttermilch einsauge! Wie ist mir denn doch mein tolles Herumschwärmen in Bergen und Wäldern so schädlich geworden! Neulich gehe ich, elegant gekleidet, mit mehreren Freunden in dem Park spazieren: plötzlich stehen wir an einem herrlichen, himmelhohen, schlanken Nußbaum; eine unwiderstehliche Begierde raubt mir alle Besinnung – einige tüchtige Sätze, und – ich wiege mich hoch in den Wipfeln der Äste, nach den Nüssen haschend! Ein Schrei des Erstaunens, den die Gesellschaft ausstieß, begleitete mein Wagestück. Als ich, mich wieder besinnend auf die erhaltene Kultur, die dergleichen Extravagantes nicht erlaubt, hinabkletterte, sprach ein junger Mensch, der mich sehr ehrt: »Ei, lieber Monsieur Milo, wie sind Sie doch so flink auf den Beinen!« Aber ich schämte mich sehr. – So kann ich auch oft kaum die Lust unterdrükken, meine Geschicklichkeit im Werfen, die mir sonst eigen, zu üben; und kannst Du Dir's denken, holde Kleine, daß mich neulich bei einem Souper jene Lust so sehr übermannte, daß ich schnell einen Apfel dem ganz am andern Ende des Tisches sitzenden Kommerzienrat, meinem alten Gönner, in die Perücke warf, welches mich beinahe in tausend Ungelegenheiten gestürzt hätte? – Doch hoffe ich, immer mehr und mehr auch von diesen Überbleibseln des ehemaligen rohen Zustandes mich zu reinigen. – Solltest Du in der Kultur noch nicht so weit vorgerückt sein, süße Freundin, um diesen Brief lesen zu können: so mögen Dir die edlen, kräftigen Züge Deines Geliebten eine Aufmunterung, lesen zu lernen, und dann der Inhalt die weisheitsvolle Lehre sein, wie Du es anfangen mußt, um zu der innern Ruhe und Behaglichkeit zu gelangen, die nur die höchste Kultur erzeugt, wie sie aus dem innern Ingenio und dem Umgang mit weisen, gebildeten Menschen entspringt. – Nun tausendmal lebe wohl, süße Freundin!

Zweifle an der Sonne Klarheit,
Zweifle an der Sterne Licht,

Zweifl', ob lügen kann die Wahrheit,
Nur an meiner Liebe nicht!

Dein Getreuer bis in den Tod!
Milo,
ehemals Affe, jetzt privatisierender
Künstler und Gelehrter

5 Der Musikfeind

Es ist wohl etwas Herrliches, so durch und durch musikalisch zu sein, daß man, wie mit besonderer Kraft ausgerüstet, die größten musikalischen Massen, die die Meister mit einer unzähligen Menge Noten und Töne der verschiedensten Instrumente aufgebauet, leicht und lustig handhabt, indem man sie, ohne sonderliche Gemütsbewegung, ohne die schmerzhaften Stöße des leidenschaftlichen Entzückens, der herzzerreißenden Wehmut zu spüren, in Sinn und Gedanken aufnimmt. – Wie hoch kann man sich dann auch über die Virtuosität der Spieler im Innern erfreuen; ja, diese Freude, die von innen herausstrebt, recht laut werden lassen, ohne alle Gefahr. An die Glückseligkeit, selbst ein Virtuos zu sein, will ich gar nicht denken; denn noch viel tiefer wird dann mein Schmerz, daß mir aller Sinn für Musik so ganz und gar abgeht, woher denn auch meine unbeschreibliche Unbeholfenheit in der Ausübung dieser herrlichen Kunst, die ich leider von Kindheit auf gezeigt, rühren mag. – Mein Vater war gewiß ein tüchtiger Musikus; er spielte fleißig auf einem großen Flügel oft bis in die späte Nacht hinein, und wenn es einmal ein Konzert in unserm Hause gab, dann spielte er sehr lange Stücke, wozu ihn die andern auf Violinen, Bässen, auch wohl Flöten und Waldhörnern, ganz wenig begleiteten. Wenn solch ein langes Stück endlich heraus war, dann schrieen alle sehr und riefen: »Bravo, Bravo! welch ein schönes Konzert! wie fertig, wie rund gespielt!« und nannten mit Ehrfurcht den Namen Emanuel Bach! – Der Vater hatte aber so viel hintereinander gehämmert und gebrauset, daß es mir immer vorkam, als sei das wohl kaum Musik, worunter ich mir so recht ans Herz gehende Melodien dachte, sondern er tue dies nur zum Spaß, und die andern hätten auch wieder ihren Spaß daran. – Ich war bei solchen Gelegenheiten immer in mein Sonntagsröckchen geknöpft und mußte auf einem hohen Stuhl neben der Mutter sitzen und zuhören, ohne mich viel zu regen und zu bewegen. Die Zeit wurde mir entsetzlich lang, und ich hätte wohl gar nicht ausdauern können, wenn ich mich nicht an den besondern Grimassen und komischen Bewegungen der Spieler ergötzt hätte. Vorzüglich erinnere ich mich noch eines alten Advokaten, der immer dicht bei meinem Vater die Geige spielte, und von dem sie immer sagten, er wäre ein ganz übertriebener Enthusiast, und die Musik mache ihn halb verrückt, so daß er in der wahnsinnigen Exaltation, zu der ihn Emanuel Bachs, oder Wolfs, oder Bendas Genius hinaufschraube, weder rein greife, noch Takt halte. – Mir steht der Mann noch ganz vor Augen. Er trug einen pflaumfarbenen Rock mit goldbesponnenen Knöpfen, einen kleinen silbernen Degen und eine rötliche, nur wenig gepuderte Perücke, an der hinten ein kleiner runder Haarbeutel hing. Er hatte einen unbeschreiblichen komischen Ernst in allem, was er begann. »Ad opus!« pflegte er zu rufen, wenn der Vater die Musikblätter auf die Pulte verteilte. Dann ergriff er mit der rechten Hand die Geige, mit der linken aber die Perücke, die er abnahm und an einen Nagel hing. Nun hob er an, sich immer mehr und mehr übers Blatt beugend, zu arbeiten, daß die roten Augen glänzend heraustraten und Schweißtropfen auf der Stirn standen. Es geschah ihm zuweilen, daß er früher fertig wurde als die übrigen, worüber er sich denn nicht wenig wunderte und die andern ganz böse anschaute. Oft war mir es auch, als brächte er Töne heraus, denen ähnlich, die Nachbars Peter, mit naturhistorischem Sinn die verborgenen musikalischen Talente der Katzen erforschend, unserm Hauskater ablockte, durch schickliches Einklemmen des Schwanzes und sonst: weshalb er zuweilen von dem Vater etwas geprügelt wurde – (nämlich der Peter). – Kurz, der pflaumfarbene Advokat – er hieß Musewius – hielt mich ganz für die Pein des Stillsitzens schadlos, indem ich mich an seinen Grimassen, an seinen komischen Seitensprüngen, ja wohl gar an seinem Quinkelieren höchlich ergötzte. – Einmal machte er doch eine vollkommene Störung in der Musik, so daß mein Vater vom Flügel aufsprang, und alle auf ihn zustürzten, einen bösen Zufall, der ihn ergriffen, befürchtend. Er fing nämlich an, erst etwas weniges mit dem Kopfe zu schütteln, dann aber, in einem fortsteigenden Crescendo, immer stärker und stärker den Kopf hin und her zu werfen, wozu er gräßlich mit dem Bogen über die Saiten hin und her fuhr, mit der Zunge schnalzte und mit dem Fuß stampfte. Es war aber nichts, als eine kleine feindselige Fliege, die hatte ihn, mit beharrlichem Eigensinn in demselben Kreise bleibend, umsummt, und sich, tausendmal verjagt, immer wieder auf die Nase gesetzt. Das hatte ihn in wilde Verzweiflung gestürzt. – Manchmal geschah es, daß die Schwester meiner Mutter eine Arie sang. Ach, wie freute ich mich immer darauf! Ich liebte sie sehr; sie gab sich viel mit mir ab, und sang mir oft mit ihrer schönen Stimme, die so recht in mein Innerstes drang, eine Menge herrlicher Lieder vor, die ich so in Sinn und Gedanken trage, daß ich sie noch für mich leise zu singen vermag.

– Es war immer etwas Feierliches, wenn meine Tante die Stimmen der Arien von Hasse oder von Traëtta oder sonst einem Meister, auflegte; der Advokat durfte nicht mitspielen. Schon wenn sie die Einleitung spielten und meine Tante noch nicht angefangen zu singen, klopfte mir das Herz, und ein ganz wunderbares Gefühl von Lust und Wehmut durchdrang mich, so daß ich mich kaum zu fassen wußte. Aber kaum hatte die Tante einen Satz gesungen, so fing ich an bitterlich zu weinen, und wurde unter heftigen Scheltworten meines Vaters zum Saal hinausgebracht. Oft stritt sich mein Vater mit der Tante, weil letztere behauptete, mein Betragen rühre keinesweges davon her, daß mich die Musik auf unangenehme, widrige Weise affiziere, sondern vielmehr von der übergroßen Reizbarkeit meines Gemüts; dagegen mich der Vater geradezu einen dummen Jungen schalt, der aus Unlust heulen müsse, wie ein antimusikalischer Hund. – Einen vorzüglichen Grund, nicht allein mich zu verteidigen, sondern auch sogar mir einen tief verborgenen musikalischen Sinn zuzuschreiben, nahm meine Tante aus dem Umstande her, daß ich oft, wenn der Vater zufällig den Flügel nicht zugeschlossen, mich stundenlang damit ergötzen konnte, allerlei wohlklingende Akkorde aufzusuchen und anzuschlagen. Hatte ich nun mit beiden Händen drei, vier, ja wohl sechs Tangenten gefunden, die, auf einmal niedergedrückt, einen gar wunderbaren, lieblichen Zusammenklang hören ließen, dann wurde ich nicht müde, sie anzuschlagen und austönen zu lassen. Ich legte den Kopf seitwärts auf den Deckel des Instruments; ich drückte die Augen zu; ich war in einer andern Welt; aber zuletzt mußte ich wieder bitterlich weinen, ohne zu wissen, ob vor Lust oder vor Schmerz. Meine Tante hatte mich oft belauscht und ihre Freude daran gehabt, wogegen mein Vater darin nur kindische Possen fand.

Überhaupt schienen sie, so wie über mich, auch rücksichtlich anderer Gegenstände, vorzüglich der Musik, ganz uneins zu sein, indem meine Tante oft an musikalischen Stükken, vorzüglich wenn sie von italienischen Meistern ganz einfach und prunklos komponiert waren, ein großes Wohlgefallen fand; mein Vater aber, der ein heftiger Mann war, dergleichen Musik ein Dudeldumdei nannte, das den Verstand nie beschäftigen könne. Mein Vater sprach immer vom Verstande, meine Tante immer von Gefühl. – Endlich setzte sie es doch durch, daß mein Vater mich durch einen alten Kantor, der in den Familienkonzerten gewöhnlich die Viole strich, im Klavierspielen unterrichten ließ. Aber, du lieber Himmel, da zeigte es sich denn bald, daß die Tante mir viel zu viel zugetraut, der Vater dagegen recht hatte. An Taktgefühl, sowie am Auffassen einer Melodie fehlte es mir, wie der Kantor behauptete, keinesweges; aber meine grenzenlose Unbehülflichkeit verdarb alles. Sollte ich ein Übungsstück für mich exerzieren, und setzte mich mit dem besten Vorsatz, recht fleißig zu sein, an das Klavier: so verfiel ich unwillkürlich bald in jene Spielerei des Akkordsuchens, und so kam ich nicht weiter. Mit vieler, unsäglicher Mühe hatte ich mich durch mehrere Tonarten durchgearbeitet, bis zu der verzweifelten, die vier Kreuze vorgezeichnet hat, und, wie ich jetzt noch ganz bestimmt weiß, E-Dur genannt wird. Über dem Stück stand mit großen Buchstaben: »Scherzando Presto«, und als der Kantor es mir vorspielte, hatte es so was Hüpfendes, Springendes, das mir sehr mißfiel. Ach, wie viel Tränen, wie viel ermunternde Püffe des unseligen Kantors kostete mich das verdammte Presto! Endlich kam der für mich schreckliche Tag heran, an dem ich dem Vater und den musikalischen Freunden meine erworbenen Kenntnisse produzieren, alles, was ich gelernt, vorspielen sollte. Ich konnte alles gut, bis auf das abscheuliche E-Dur-Presto: da setzte ich mich abends vorher in einer Art von Verzweiflung ans Klavier, um, koste es was es wolle, fehlerfrei jenes Stück einzuspielen. Ich wußte selbst nicht, wie es zuging, daß ich das Stück gerade auf den Tangenten, die denen, welche ich aufschlagen sollte, rechts zunächst lagen, zu spielen versuchte; es gelang mir, das ganze Stück war leichter geworden, und ich verfehlte keine Note, nur auf andern Tangenten, und mir kam es vor, als klänge das Stück sogar viel besser, als so, wie es mir der Kantor vorgespielt hatte. Nun war mir froh und leicht zu Mute; ich setzte mich den andern Tag keck an den Flügel und hämmerte meine Stückchen frisch darauf los, und mein Vater rief einmal über das andere: »Das hätte ich nicht gedacht!« – Als das Scherzo zu Ende war, sagte der Kantor ganz freundlich: »Das war die schwere Tonart E-Dur!« und mein Vater wandte sich zu einem Freunde, sprechend: »Sehen Sie, wie fertig der Junge das schwere E-Dur handhabt!« – »Erlauben Sie, Verehrtester«, erwiderte dieser, »das war ja F-Dur.« – »Mitnichten, mitnichten«, sagte der Vater. »Ei ja doch«, versetzte der Freund; »wir wollen es gleich sehen.« Beide traten an den Flügel. »Sehen Sie«, rief mein Vater triumphierend, indem er auf die vier Kreuze wies. »Und doch hat der Kleine F-Dur gespielt«, sagte der Freund. – Ich sollte das Stück wiederholen. Ich tat es ganz unbefangen, indem es mir nicht einmal recht deutlich war, worüber sie so ernstlich stritten. Mein Vater sah in die Tasten; kaum hatte ich aber einige Töne gegriffen, als mir des Vaters Hand um die Ohren sauste. »Vertrackter, dummer Junge!« schrie er im höchsten Zorn. Weinend und schreiend lief ich davon, und nun war es mit meinem musikalischen Unterricht auf immer aus. Die Tante meinte zwar, gerade daß es mir möglich geworden, das ganze Stück richtig, nur in einem andern Ton zu spielen, zeige von wahrem musikalischen Talent; allein ich glaube jetzt selbst, daß mein Vater recht hatte, es aufzugeben, mich auf irgend einem Instrumente unterrichten zu lassen, da meine Unbeholfenheit, die Steifheit und Ungelenkigkeit meiner Finger sich jedem Streben entgegengesetzt haben würde. – Aber eben diese Ungelenkigkeit scheint sich, rücksichtlich der Musik, auch auf mein geistiges Vermögen zu erstrecken. So habe ich nur zu oft bei dem Spiel anerkannter Virtuosen, wenn alles in jauchzende Bewunderung ausbrach, Langeweile, Ekel und Überdruß empfunden, und mich noch dazu, da ich nicht unterlassen konnte, meine Meinung ehrlich herauszusagen, oder vielmehr mein inneres Gefühl deutlich aussprach, dem Gelächter der geschmackvollen, von der Musik begeisterten Menge preisgegeben. Ging es mir nicht noch vor kurzer Zeit ganz so, als ein berühmter Klavierspieler durch die Stadt reiste und sich bei einem meiner Freunde hören ließ? »Heute, Teuerster«, sagte mir der Freund, »werden Sie gewiß von Ihrer Musikfeindschaft geheilt; der herrliche Y. wird Sie erheben – entzücken.« Ich mußte mich, wider meinen Willen, dicht an das Pianoforte stellen; da fing der Virtuos an, die Töne auf und nieder zu rollen, und erhob ein gewaltiges Gebrause, und als das immer fortdauerte, wurde mir ganz schwindelig und schlecht zumute, aber bald riß etwas anderes meine Aufmerksamkeit hin, und ich mag wohl, als ich den Spieler gar nicht mehr hörte, ganz sonderbar in das Pianoforte hineingestarrt haben; denn, als er endlich aufgehört hatte, zu donnern und zu rasen, ergriff mich der Freund beim Arm und rief: »Nun, Sie sind ja ganz versteinert! He, Freundchen, empfinden Sie nun endlich die tiefe, fortreißende Wirkung der himmlischen Musik?« – Da gestand ich ehrlich ein, wie ich eigentlich den Spieler wenig gehört, sondern mich vielmehr an dem schnellen Auf- und

Abspringen – und dem gliederweisen Lauffeuer der Hämmer höchlich ergötzt habe; worüber denn alles in ein schallendes Gelächter ausbrach. – Wie oft werde ich empfindungs-, herz-, gemütlos gescholten, wenn ich unaufhaltsam aus dem Zimmer renne, sobald das Fortepiano geöffnet wird, oder diese und jene Dame die Guitarre in die Hand nimmt und sich zum Singen räuspert; denn ich weiß schon, daß bei der Musik, die sie gewöhnlich in den Häusern verführen, mir übel und weh wird, und ich mir ordentlich physisch den Magen verderbe. – Das ist aber ein rechtes Unglück, und bringt mir Verachtung der feinen Welt zuwege. Ich weiß wohl, daß eine solche Stimme, ein solcher Gesang, wie der meiner Tante, so recht in mein Innerstes dringt, und sich da Gefühle regen, für die ich gar keine Worte habe; es ist mir, als sei das eben die Seligkeit, welche sich über das Irdische erhebt, und daher auch im Irdischen keinen Ausdruck zu finden vermag; aber eben deshalb ist es mir ganz unmöglich, höre ich eine solche Sängerin, in die laute Bewunderung auszubrechen, wie die andern; ich bleibe still und schaue in mein Inneres, weil da noch alle die außen verklungenen Töne widerstrahlen, und da werde ich kalt, empfindungslos, ein Musikfeind gescholten. – Mir schräg über wohnt der Konzertmeister, welcher jeden Donnerstag ein Quartett bei sich hat, wovon ich zur Sommerszeit den leisesten Ton höre, da sie abends, wenn es still auf der Straße geworden, bei geöffneten Fenstern spielen. Da setze ich mich aufs Sofa, und höre mit geschlossenen Augen zu und bin ganz voller Wonne – aber nur bei dem ersten; bei dem zweiten Quartett verwirren sich schon die Töne, denn nun ist es, als müßten sie im Innern mit den Melodien des ersteren, die noch darin wohnen, kämpfen; und das dritte kann ich gar nicht mehr aushalten. Da muß ich fortrennen, und oft hat der Konzertmeister mich schon ausgelacht, daß ich mich von der Musik so in die Flucht schlagen ließe. – Sie spielten wohl, wie ich gehört habe, an sechs, acht solche Quartetts, und ich bewundere in der Tat die außerordentliche Geistesstärke, die innere musikalische Kraft, welche dazu gehört, so viel Musik hintereinander aufzufassen, und durch das Abspielen alles so, wie im Innersten empfunden und gedacht, ins lebendige Leben ausgehen zu lassen. – Ebenso geht es mir mit den Konzerten, wo oft schon die erste Symphonie solch einen Tumult in mir erregt, daß ich für alles übrige tot bin. Ja, oft hat mich eben der erste Satz so aufgeregt, so gewaltsam erschüttert, daß ich mich hinaussehne, um all die seltsamen Erscheinungen, von denen ich befangen, deutlicher zu schauen, ja mich in ihren wunderbaren Tanz zu verflechten, daß ich, unter ihnen, ihnen gleich bin. Es kommt mir dann vor, als sei die gehörte Musik ich selbst. – Ich frage daher niemals nach dem Meister; das scheint mir ganz gleichgültig. Es ist mir so, als werde auf dem höchsten Punkt nur eine psychische Masse bewegt, und als habe ich in diesem Sinne viel Herrliches komponiert. – Indem ich dieses nur so für mich niederschreibe, wird mir angst und bange, daß es einmal in meiner angebornen, unbefangenen Aufrichtigkeit mir über die Lippen fliehen könnte. Wie würde ich ausgelacht werden! Sollten nicht manche wahrhaftige musikalische Bravos an der Gesundheit meines Gemüts zweifeln? – Wenn ich oft nach der ersten Symphonie aus dem Konzertsaal eile, schreien sie mir nach: »Da läuft er fort, der Musikfeind!« und bedauern mich, da jeder Gebildete jetzt mit Recht verlangt, daß man, nächst der Kunst, sich anständig zu verbeugen, und ebenso auch über das, was man nicht weiß, zu reden, auch die Musik liebe und treibe. Daß ich nun eben von diesem Treiben so oft getrieben werde, hinaus in die Einsamkeit, wo die ewig waltende Macht, in dem Rauschen der Eichenblätter über meinem Haupte, in dem Plätschern der Quelle, wunderbare Töne anregt, die sich geheimnisvoll verschlingen mit den Lauten, die in meinem Innern ruhen und nun in herrlicher Musik hervorstrahlen – ja, das ist eben mein Unglück. – Die entsetzliche peinliche Schwerfälligkeit im Auffassen der Musik schadet mir auch recht in der Oper. – Manchmal freilich ist es mir, als würde nur dann und wann ein schickliches musikalisches Geräusch gemacht, und man verjage damit sehr zweckmäßig die Langeweile, oder noch ärgere Ungetüme, so wie vor den Karawanen Zimbeln und Pauken toll und wild durcheinander geschlagen werden, um die wilden Tiere abzuhalten; aber wenn es oft so ist, als könnten die Personen nicht anders reden, als in den gewaltigen Akzenten der Musik, als ginge das Reich des Wunderbaren auf, wie ein flammender Stern – dann habe ich Mühe und Not, mich festzuhalten in dem Orkan, der mich erfaßt und in das Unendliche zu schleudern droht. – Aber in solch eine Oper gehe ich immer und immer wieder, und klarer und leuchtender wird es im Innern, und alle Gestalten treten heraus aus dem düstern Nebel und schreiten auf mich zu, und nun erkenne ich sie, wie sie so freundlich mir befreundet sind und mit mir dahinwallen im herrlichen Leben. – Ich glaube Glucks »Iphigenia« gewiß fünfzigmal gehört zu haben. Darüber lachen aber mit Recht die echten Musiker und sagen: »Beim ersten Mal hatten wir alles weg, und beim dritten satt.« – Ein böser Dämon verfolgt mich aber, und zwingt mich, unwillkürlich komisch zu sein und Komisches zu verbreiten, rücksichtlich meiner Musikfeindschaft. So stehe ich neulich im Schauspielhause, wohin ich aus Gefälligkeit für einen fremden Freund gegangen, und bin ganz vertieft in Gedanken, als sie gerade (es wurde eine Oper gegeben) so einen nichtssagenden musikalischen Lärm machen. Da stößt mich der Nachbar an, sprechend: »Das ist eine ganz vorzügliche Stelle!« Ich dachte und konnte in dem Augenblick nichts anderes denken, als daß er von der Stelle im Parterre spräche, wo wir uns gerade befanden, und antwortete ganz treuherzig: »Ja, eine gute Stelle, aber ein bißchen Zug weht doch!« – Da lachte er sehr, und als Anekdote von dem Musikfeind wurde es verbreitet in der ganzen Stadt, und überall neckte man mich mit meiner Zugluft in der Oper, und ich hatte doch recht.

Sollte man es wohl glauben, daß es dessen ungeachtet einen echten, wahren Musiker gibt, der noch jetzt, rücksichtlich meines musikalischen Sinnes, der Meinung meiner Tante ist? – Freilich wird niemand viel darauf geben, wenn ich gerade heraussage, daß dies kein andrer ist als der Kapellmeister Johannes Kreisler, der seiner Phantasterei wegen überall verschrieen genug ist, aber ich bilde mir nicht wenig darauf ein, daß er es nicht verschmäht, mir recht nach meinem innern Gefühl, so wie es mich erfreut und erhebt, vorzusingen und vorzuspielen. – Neulich sagte er, als ich ihm meine musikalische Unbeholfenheit klagte, ich sei mit jenem Lehrling in dem Tempel zu Sais zu vergleichen, der, ungeschickt scheinend, im Vergleich der andern Schüler, doch den wunderbaren Stein fand, den die andern mit allem Fleiß vergeblich suchten. Ich verstand ihn nicht, weil ich Novalis' Schriften nicht gelesen, auf die er mich verwies. Ich habe heute in die Leihbibliothek geschickt, werde das Buch aber wohl nicht erhalten, da es herrlich sein soll und also stark gelesen wird. – Doch nein; eben erhalte ich wirklich Novalis' Schriften, zwei Bändchen, und der Bibliothekar läßt mir sagen, mit dergleichen könne er immer aufwarten, da es stets zu Hause sei; nur habe er den Novalis nicht gleich finden können, da er ihn ganz und gar als ein Buch, nach dem niemals gefragt würde, zurückgestellt. – Nun will ich doch gleich sehen, was es mit den Lehrlingen zu Sais für eine Bewandtnis hat.

6 Über einen Ausspruch Sacchinis, und über den sogenannten Effekt in der Musik

In Gerbers Tonkünstler-Lexikon wird von dem berühmten Sacchini folgendes erzählt. Als Sacchini einst zu London bei Herrn le Brün, dem berühmten Hoboisten zu Mittag speiste, wiederholte man in seiner Gegenwart die Beschuldigung, die manchmal die Deutschen und die Franzosen den italienischen Komponisten machen, daß sie nicht genug modulieren. »Wir modulieren in der Kirchenmusik«, sagte er; »da kann die Aufmerksamkeit, weil sie nicht durch die Nebensachen des Schauspiels gestört wird, leichter den mit Kunst verbundenen Veränderungen der Töne folgen; aber auf dem Theater muß man deutlich und einfach sein, man muß mehr das Herz rühren, als in Erstaunen setzen, man muß sich selbst minder geübten Ohren begreiflich machen. Der, welcher, ohne den Ton zu ändern, abgeänderte Gesänge darstellt, zeigt weit mehr Talent, als der, welcher ihn alle Augenblicke ändert.«

Dieser merkwürdige Ausspruch Sacchinis legt die ganze Tendenz der italienischen Opernmusik damaliger Zeit an den Tag und im wesentlichen ist sie auch wohl bis auf die jetzige Zeit dieselbe geblieben. Die Italiener erhoben sich nicht zu der Ansicht, daß die Oper in Wort, Handlung und Musik als ein Ganzes erscheinen, und dieses untrennbare Ganze im Totaleindruck auf den Zuhörer wirken müsse; die Musik war ihnen vielmehr zufällige Begleiterin des Schauspiels, und durfte nur hin und wieder als selbständige Kunst, und dann für sich allein wirkend, hervortreten. So kam es, daß im eigentlichen Fortschreiten der Handlung alle Musik flach und unbedeutend gehalten wurde, und nur die Prima Donna und der Primo Huomo in ihren sogenannten Szenen in bedeutender, oder vielmehr wahrer Musik hervortreten durften. Hier galt es aber dann wieder, ohne Rücksicht auf den Moment der Handlung, nur den Gesang, ja oft auch nur die Kunstfertigkeit der Sänger, im höchsten Glanze zu zeigen.

Sacchini verwirft in der Oper alles Starke, Erschütternde der Musik, welches er in die Kirche verweist; er hat es im Theater nur mit angenehmen, oder vielmehr nicht tief eingreifenden Empfindungen zu tun; er will nicht Erstaunen, nur sanfte Rührung erregen. Als wenn die Oper durch die Verbindung der individualisierten Sprache mit der allgemeinen Sprache der Musik nicht eben die höchste, das Innerste tief ergreifende Wirkung auf das Gemüt, schon ihrer Natur nach beabsichtigen müsse! Endlich will er durch die größte Einfachheit, oder vielmehr Monotonie, auch dem ungeübten Ohr verständlich werden; allein das ist ja eben die höchste, oder vielmehr die wahre Kunst des Komponisten, daß er durch die Wahrheit des Ausdrucks jeden rührt, jeden erschüttert, wie es der Moment der Handlung erfodert, ja diesen Moment der Handlung selbst schafft, wie der Dichter. Alle Mittel, die der unerschöpfliche Reichtum der Tonkunst ihm darbietet, sind sein eigen, und er braucht sie, so wie sie zu jener Wahrheit als notwendig erscheinen. So wird zum Beispiel die künstlichste Modulation, ihr schneller Wechsel an rechter Stelle, dem ungeübtesten Ohr in höherer Rücksicht verständlich sein, das heißt: nicht die technische Struktur erkennt der Laie, worauf es auch gar nicht ankommt, sondern der Moment der Handlung ist es, der ihn gewaltig ergreift. Wenn im »Don Juan« die Statue des Kommandanten im Grundton E ihr furchtbares: »Ja!« ertönen läßt, nun aber der Komponist dieses E als Terz von C annimmt, und so in C-Dur moduliert, welche Tonart Leporello ergreift, so wird kein Laie der Musik die technische Struktur dieses Überganges verstehen, aber im Innersten mit dem Leporello erbeben, und ebensowenig wird der Musiker, der auf der höchsten Stufe der Bildung steht, in dem Augenblick der tiefsten Anregung an jene Struktur denken, denn ihm ist das Gerüste längst eingefallen, und er trifft wieder mit dem Laien zusammen.

Die wahre Kirchenmusik, nämlich diejenige, die den Kultus begleitet, oder vielmehr selbst Kultus ist, erscheint als überirdische – als Sprache des Himmels. Die Ahnungen des höchsten Wesens, welche die heiligen Töne in des Menschen Brust entzünden, sind das höchste Wesen selbst, welches in der Musik verständlich von dem überschwenglich herrlichen Reiche des Glaubens und der Liebe redet. Die Worte, die sich dem Gesange beigesellen, sind nur zufällig und enthalten auch meistens nur bildliche Andeutungen, wie zum Beispiel in der Missa. In dem irdischen Leben, dem wir uns entschwungen, blieb der Gärungsstoff des Bösen zurück, der die Leidenschaften erzeugte, und selbst der Schmerz löste sich auf in die inbrünstige Sehnsucht der ewigen Liebe. Folgt nicht aber hieraus von selbst, daß die einfachen Modulationen, die den Ausdruck eines zerrissenen, beängsteten Gemüts in sich tragen, eben aus der Kirche zu verbannen sind, weil sie gerade dort zerstreuen und den Geist befangen mit weltlichem, irdischem Treiben? Sacchinis Ausspruch ist daher gerade umzukehren, wiewohl er, da er sich ausdrücklich auf die Meister seines Landes bezieht und gewiß die älteren im Sinn hatte, unter dem häufigeren Modulieren in der Kirchenmusik nur den größern Reichtum des harmonischen

Stoffs meinte. Rücksichtlich der Opernmusik änderte er auch wahrscheinlich seine Meinung, als er Glucks Werke in Paris gehört hatte, denn sonst würde er, dem von ihm selbst aufgestellten Prinzip zuwider, nicht die starke, heftig ergreifende Fluchszene im »Ödip auf Kolonos« gesetzt haben.

Jene Wahrheit, daß die Oper in Wort, Handlung und Musik als ein Ganzes erscheinen müsse, sprach Gluck zuerst in seinen Werken deutlich aus; aber welche Wahrheit wird nicht mißverstanden und veranlaßt so die sonderbarsten Mißgriffe! Welche Meisterwerke erzeugten nicht in blinder Nachahmerei die lächerlichsten Produkte! Dem blöden Auge erscheinen die Werke des hohen Genies, die es nicht vermochte in einem Brennpunkt aufzufassen, wie ein deformiertes Gemälde, und dieses Gemäldes zerstreute Züge wurden getadelt und nachgeahmt. Goethes »Werther« veranlaßte die weinerlichen Empfindeleien jener Zeit; sein »Götz von Berlichingen« schuf die ungeschlachten, leeren Harnische, aus denen die hohlen Stimmen der biderben Grobheit und des prosaisch tollen Unsinns erklangen. Goethe selbst sagt (»Aus meinem Leben«, Dritter Teil): die Wirkung jener Werke sei meistens stoffartig gewesen, und so kann man auch behaupten, daß die Wirkung von Glucks und Mozarts Werken, abgesehen von dem Text, in rein musikalischer Hinsicht nur stoffartig war. Auf den Stoff des musikalischen Gebäudes wurde nämlich das Auge gerichtet, und der höhere Geist, dem dieser Stoff dienen mußte, nicht entdeckt. Man fand bei dieser Betrachtung, vorzüglich bei Mozart, daß, außer der mannigfachen, frappanten Modulation, auch die häufige Anwendung der Blasinstrumente die erstaunliche Wirkung seiner Werke hervorbringen möge; und davon schreibt sich der Unfug der überladenen Instrumentierung und des bizarren, unmotivierten Modulierens her. Effekt wurde das Losungswort der Komponisten, und Effekt zu machen, koste es was es wolle, die einzige Tendenz ihrer Bemühungen. Aber eben dieses Bemühen nach dem Effekt beweiset, daß er abwesend ist und sich nicht willig finden läßt, da einzukehren, wo der Komponist wünscht, daß er anzutreffen sein möge. – Mit einem Wort: der Künstler muß, um uns zu rühren, um uns gewaltig zu ergreifen, selbst in eigner Brust tief durchdrungen sein, und nur das in der Ekstase bewußtlos im Innern Empfangene mit höherer Kraft festzuhalten in den Hieroglyphen der Töne (den Noten) ist die Kunst, wirkungsvoll zu komponieren. Fragt daher ein junger Künstler, wie er es anfangen solle, eine Oper mit recht vielem Effekt zu setzen, so kann man ihm nur antworten: »Lies das Gedicht, richte mit aller Kraft den Geist darauf, gehe ein mit aller Macht deiner Phantasie in die Momente der Handlung; du lebst in den Personen des Gedichts, du bist selbst der Tyrann, der Held, die Geliebte; du fühlst den Schmerz, das Entzücken der Liebe, die Schmach, die Furcht, das Entsetzen, ja des Todes namenlose Qual, die Wonne seliger Verklärung; du zürnest, du wütest, du hoffest, du verzweifelst; dein Blut glüht durch die Adern, heftiger schlagen deine Pulse; in dem Feuer der Begeisterung, das deine Brust entflammt, entzünden sich Töne, Melodien, Akkorde, und in der wundervollen Sprache der Musik strömt das Gedicht aus deinem Innern hervor. Die technische Übung durch Studium der Harmonik, der Werke großer Meister, durch Selbstschreiben bewirkt, daß du immer deutlicher und deutlicher deine innere Musik vernimmst, keine Melodie, keine Modulation, kein Instrument entgeht dir, und so empfängst du mit der Wirkung auch zugleich die Mittel, die du nun, wie deiner Macht unterworfene Geister, in das Zauberbuch der Partitur bannst. – Freilich heißt das alles nur soviel als: Sei so gut, Lieber, und sorge nur dafür, ein recht musikalischer Genius zu sein; das andere findet sich dann von selbst! Aber es ist dem wirklich so, und nicht anders.

Dessenungeachtet läßt sich denken, daß mancher den wahren Funken, den er in sich trägt, überbaut, indem er, der eigenen Kraft mißtrauend, den aus dem Innern keimenden Gedanken verwerfend, ängstlich alles, was er in den Werken großer Meister als effektvoll anerkannt, zu benutzen strebt, und so in Nachahmerei der Form gerät, die nie den Geist schafft, da nur der Geist sich die Form bildet. Das ewige Schreien der Theaterdirektoren, die, nach dem auf den Brettern kursierenden Ausdruck, das Publikum gepackt haben wollen: »Nur Effekt! Effekt!«, und die Forderungen der sogenannten ekeln Kenner, denen der Pfeffer nicht mehr gepfeffert genug ist, regen oft den Musiker an, in einer Art verzagter Verzweiflung, wo möglich, jene Meister noch im Effekt zu überbieten, und so entstehen die wunderlichen Kompositionen, in denen ohne Motive – das heißt, ohne daß die Momente des Gedichts nur irgend den Anlaß dazu in sich tragen sollten – grelle Ausweichungen, mächtige Akkorde aller nur möglichen Blasinstrumente, aufeinander folgen, wie bunte Farben, die nie zum Bilde werden. Der Komponist erscheint wie ein Schlaftrunkener, den jeden Augenblick gewaltige Hammerschläge wecken, und der immer wieder in den Schlaf zurückfällt. Tondichter dieser Art sind höchlich verwundert, wenn ihr Werk, trotz den Bemühungen, womit sie sich gequält, durchaus nicht den Effekt, wie sie sich ihn vorgestellt, machen will, und denken gewiß nicht daran, daß die Musik, wie sie ihr individueller Genius schuf, wie sie aus ihrem Innern strömte, und die ihnen zu einfach, zu leer schien, vielleicht unendlich mehr gewirkt haben würde. Ihre ängstliche Verzagtheit verblendete sie und raubte ihnen die wahre Erkenntnis jener Meisterwerke, die sie sich zum Muster nahmen, und nun an den Mitteln als demjenigen hängen blieben, worin der Effekt zu suchen sei. Aber, wie schon oben gesagt, es ist ja nur der Geist, der, die Mittel in freier Willkür beherrschend, in jenen Werken die unwiderstehliche Gewalt ausübt; nur das Tongedicht, das wahr und kräftig aus dem Innern hervorging, dringt wieder ein in das Innere des Zuhörers. Der Geist versteht nur die Sprache des Geistes.

Regeln zu geben, wie man den Effekt in der Musik hervorbringen solle, ist daher wohl unmöglich; aber leitende Winke können den, mit sich selbst uneins gewordenen Tondichter, der sich, wie von Irrlichtern geblendet, abwärts verirrte, wieder auf Weg und Steg zurückbringen.

Das Erste und Vorzüglichste in der Musik, welches mit wunderbarer Zauberkraft das menschliche Gemüt ergreift, ist die Melodie. – Nicht genug zu sagen ist es, daß ohne ausdrucksvolle, singbare Melodie jeder Schmuck der Instrumente und so weiter nur ein glänzender Putz ist, der, keinen lebenden Körper zierend, wie in Shakespeares »Sturm« an der Schnur hängt und nach dem der dumme Pöbel läuft. Singbar ist, im höhern Sinn genommen, ein herrliches Prädikat, um die wahre Melodie zu bezeichnen. Diese soll Gesang sein, frei und ungezwungen unmittelbar aus der Brust des Menschen strömen, der selbst das Instrument ist, welches in den wunderbarsten geheimnisvollsten Lauten der Natur ertönt. Die Melodie, die auf diese Weise nicht singbar ist, kann nur eine Reihe einzelner Töne bleiben, die vergebens danach streben, Musik zu werden. Es ist unglaublich, wie in neuerer Zeit, vorzüglich auf die Anregung eines mißverstandenen Meisters (Cherubinis), eben die Melodie vernachlässigt worden, und aus dem Abquälen, immer originell und frappant zu sein, das gänzlich Unsingbare mehrerer Tongedichte entstanden ist. Wie kommt es denn, daß die einfachen Gesänge der alten Italiener, oft nur vom Baß begleitet, das Gemüt so unwiderstehlich rühren und erheben? Liegt es nicht lediglich in dem herrlichen, wahrhaft singenden Gesange? Überhaupt ist der Gesang ein wohl unbestrittenes einheimisches Eigentum jenes in Musik erglühten Volks, und der Deutsche mag, ist er auch zur höhern, oder vielmehr zur wahren Ansicht der Oper gelangt, doch auf jede ihm nur mögliche Weise sich mit jenen Geistern befreunden, damit sie es nicht verschmähen, wie mit geheimer, magischer Kraft einzugehen in sein Inneres und die Melodie zu entzünden. Ein herrliches Beispiel dieser innigsten Befreundung gibt der hohe Meister der Kunst, Mozart, in dessen Brust der italienische Gesang erglühte. Welcher Komponist schrieb singbarer als er? Auch ohne den Glanz des Orchesters dringt jede seiner Melodien tief ein in das Innere, und darin liegt ja schon die wunderbare Wirkung seiner Kompositionen.

Was nun die Modulationen betrifft, so sollen nur die Momente des Gedichts den Anlaß dazu geben; sie gehen aus den verschiedenen Anregungen des bewegten Gemüts hervor, und so wie diese – sanft, stark, gewaltig, allmählich emporkeimend, plötzlich ergreifend sind, wird auch der Komponist, in dem die wunderbare Kunst der Harmonik als eine herrliche Gabe der Natur liegt, so daß ihm das technische Studium nur das deutliche Bewußtsein darüber verschafft, bald in verwandte, bald in entfernte Tonarten, bald allmählich übergehen, bald mit einem kühnen Ruck ausweichen. Der echte Genius sinnt nicht darauf, zu frappieren durch erkünstelte Künstlichkeit, die zur argen Unkunst wird; er schreibt es nur auf, wie sein innerer Geist die Momente der Handlung in Tönen aussprach, und mögen dann die musikalischen Rechenmeister zu nützlicher Übung aus seinen Werken ihre Exempel ziehen. Zu weit würde es führen, hier über die tiefe Kunst der Harmonik zu sprechen, wie sie in unserm Innern begründet ist, und wie sich dem schärfer Eindringenden geheimnisvolle Gesetze offenbaren, die kein Lehrbuch enthält. Nur um eine einzelne Erscheinung anzudeuten, sei es bemerkt, daß die grellen Ausweichungen nur dann von tiefer Wirkung sind, wenn, unerachtet ihrer Heterogeneität, die Tonarten doch in geheimer, dem Geist des Musikers klar gewordener Beziehung stehen. Mag die anfangs erwähnte Stelle des Duetts im »Don Juan« auch hier zum Beispiel dienen. – Hieher gehören auch die wegen des Mißbrauchs oft bespöttelten, enharmonischen Ausweichungen, die eben jene geheime Beziehung in sich tragen und deren oft gewaltige Wirkung sich nicht bezweifeln läßt. Es ist, als ob ein geheimes, sympathetisches Band oft manche entfernt liegende Tonarten verbände; und ob unter gewissen Umständen eine unbezwingbare Idiosynkrasie selbst die nächstverwandten Tonarten trenne. Die gewöhnlichste, häufigste Modulation, nämlich aus der Tonika in die Dominante, und umgekehrt, erscheint zuweilen unerwartet und fremdartig, oft dagegen widrig und unausstehlich.

In der Instrumentierung liegt freilich ebenfalls ein großer Teil der erstaunlichen Wirkung verborgen, die oft die genialen Werke hoher Meister hervorbringen. Hier möchte es aber wohl kaum möglich sein, auch nur eine einzige Regel zu wagen: denn eben dieser Teil der musikalischen Kunst ist in mystisches Dunkel gehüllt. Jedes Instrument trägt, rücksichtlich der Verschiedenheit seiner Wirkung in einzelnen Fällen, hundert andere in sich, und es ist zum Beispiel ein törichter Wahn, daß nur ihr Zusammenwirken unbedingt das Starke, das Mächtige auszudrücken imstande sein sollte. Ein einzelner, von diesem oder jenem Instrumente ausgehaltener Ton bewirkt oft inneres Erbeben. Hiervon geben viele Stellen in Gluckschen Opern auffallende Beispiele, und um jene Verschiedenheit der Wirkung, deren jedes Instrument fähig ist, recht einzusehen, denke man nur daran, mit welchem heterogenen Effekt Mozart dasselbe Instrument braucht – wie zum Beispiel die Hoboe. – Hier sind nur Andeutungen möglich. – In dem Gemüt des Künstlers wird, um in dem Vergleich der Musik mit der Malerei zu bleiben, das Tongedicht wie ein vollendetes Gemälde erscheinen, und er im Anschauen jene richtige Perspektive, ohne welche keine Wahrheit möglich ist, von selbst finden. – Zu der Instrumentierung gehören auch die verschiedenen Figuren der begleitenden Instrumente; und wie oft erhebt eine solche richtig aus dem Innern aufgefaßte Figur die Wahrheit des Ausdrucks bis zur höchsten Kraft! Wie tiefergreifend ist nicht zum Beispiel die in Oktaven fortschreitende Figur der zweiten Violine und der Viola in Mozarts Arie: »Non mi dir bel idol mio« etc. Auch rücksichtlich der Figuren läßt sich nichts künstlich ersinnen, nichts hinzumachen; die lebendigen Farben des Tongedichts heben das kleinste Detail glänzend hervor, und jeder fremde Schmuck würde nur entstellen, statt zu zieren. Ebenso ist es mit der Wahl der Tonart, mit dem Forte und Piano, das aus dem tiefen Charakter des Stücks hervorgehen, und nicht etwa der Abwechselung wegen dastehen soll, und mit allen übrigen untergeordneten Ausdrucksmitteln, die sich dem Musiker darbieten.

Den zweifelhaften, nach Effekt ringenden, mißmutigen Tondichter, wohnt nur der Genius in ihm, kann man unbedingt damit trösten, daß sein wahres, tiefes Eingehen in die Werke der Meister ihn bald mit dem Geiste dieser selbst in einen geheimnisvollen Rapport bringen, und daß dieser die ruhende Kraft entzünden, ja die Ekstase herbeiführen werde, in der er wie aus dumpfem Schlafe zum neuen Leben erwacht und die wunderbaren Laute seiner innern Musik vernimmt; dann gibt ihm sein Studium der Harmonik, seine technische Übung, die Kraft, jene Musik, die sonst vorüberrauschen würde, festzuhalten, und die Begeisterung, welche das Werk gebar, wird in wunderbarem Nachklange den Zuhörer mächtig ergreifen, so daß er der Seligkeit teilhaftig wird, die den Musiker in jenen Stunden der Weihe umfing. Dies ist aber der wahrhaftige Effekt des aus dem Innern hervorgegangenen Tongedichts.

7 Johannes Kreislers Lehrbrief

Da Du, mein lieber Johannes! mir nun wirklich aus der Lehre laufen und auf Deine eigene Weise in der weiten Welt herumhantieren willst, so ist es billig, daß ich, als Dein Meister, Dir einen Lehrbrief in den Sack schiebe, den Du sämtlichen musikalischen Gilden und Innungen als Passeport vorzeigen kannst. Das könnte ich nun ohne alle weitere Umschweife tun, indem ich Dich aber im Spiegel anschaue, fällt es mir recht wehmütig ins Herz. Ich möchte Dir noch einmal alles sagen, was wir zusammen gedacht und empfunden, wenn so in den Lehrjahren gewisse Momente eintraten. Du weißt schon, was ich meine. Da wir beide aber das eigen haben, daß, wenn der eine spricht, der andere das Maul nicht halten kann, so ist es wohl besser, ich schreibe wenigstens einiges davon auf, gleichsam als Ouvertüre, und Du kannst es denn manchmal lesen zu Deinem Nutz und Frommen. – Ach, lieber Johannes! wer kennt Dich besser, als ich, wer hat so in Dein Inneres, ja aus Deinem Innern selbst herausgeblickt, als ich? – Dafür glaube ich auch, daß Du mich vollkommen kennst, und daß eben aus diesem Grunde unser Verhältnis immer leidlich war, wiewohl wir die verschiedensten Meinungen über uns wechselten, da wir uns manchmal außerordentlich weise, ja genial, dann aber wieder hinlänglich albern und tölpelhaft, ja auch was weniges dämisch dünkten. Sieh, teurer Skolar! indem ich in vorstehenden Perioden das Wörtlein »uns« gebraucht, kommt es mir vor, als hätte ich, in vornehmer Bescheidenheit den Plural brauchend, doch nur von mir allein im Singular gesprochen, ja als ob wir beide am Ende auch nur *einer* wären. Reißen wir uns von dieser tollen Einbildung los! Also noch einmal, lieber Johannes! – wer kennt Dich besser, als ich, und wer vermag daher mit besserm Fug und Recht behaupten, daß Du jetzt diejenige Meisterschaft erlangt hast, welche nötig ist, um ein schickliches gehöriges Lernen zu beginnen.

Was dazu hauptsächlich notwendig scheint, ist Dir wirklich eigen worden. Du hast nämlich Dein Hörorgan so geschärft, daß Du bisweilen die Stimme des in Deinem Innern versteckten Poeten (um mit Schubert zu reden*) vernimmst und wirklich nicht glaubst, Du seist es nur, der gesprochen, sonst niemand. – In einer lauen Juliusnacht saß ich einsam auf der Moosbank in jener Jasminlaube, die Du kennst, da trat der stille freundliche Jüngling, den wir Chrysostomus nennen, zu mir und erzählte aus seiner frühen Jugendzeit wunderbare Dinge. »Der kleine Garten meines Vaters«, so sprach er, »stieß an einen Wald voll Ton und Gesang. Jahr aus, Jahr ein nistete dort eine Nachtigall auf dem alten herrlichen Baum, an dessen Fuß ein großer, mit allerlei wunderbaren Moosen und rötlichen Adern durchwachsener Stein lag. Es klang wohl recht fabelhaft, was mein Vater von diesem Stein erzählte. Vor vielen, vielen Jahren, hieß es, kam ein unbekannter stattlicher Mann auf des Junkers Burg, seltsamlich gebildet und gekleidet. Jedem kam der Fremde sehr wunderlich vor, man konnte ihn nicht lange ohne inneres Grauen

* Schuberts »Symbolik des Traumes«.

anblicken, und dann doch nicht wieder das festgebannte Auge von ihm abwenden. Der Junker gewann ihn in kurzer Zeit sehr lieb, wiewohl er oft gestand, daß ihm in seiner Gegenwart sonderbar zu Mute würde und eiskalte Schauer ihn anwehten, wenn der Fremde beim vollen Becher von den vielen fernen unbekannten Ländern und sonderbaren Menschen und Tieren erzähle, die ihm auf seinen weiten Wanderungen bekannt worden, und dann seine Sprache in ein wunderbares Tönen verhalle, in dem er ohne Worte unbekannte, geheimnisvolle Dinge verständlich ausspreche. – Keiner konnte sich von dem Fremden losreißen, ja nicht oft genug seine Erzählungen hören, die auf unbegreifliche Weise dunkles, gestaltloses Ahnen in lichter, erkenntnisfähiger Form vor des Geistes Auge brachten. Sang nun der Fremde vollends zu seiner Laute in unbekannter Sprache allerlei wunderbar tönende Lieder, so wurden alle, die ihn hörten, wie von überirdischer Macht ergriffen, und es hieß: das könne kein Mensch, das müsse ein Engel sein, der die Töne aus dem himmlischen Konzert der Cherubim und Seraphim auf die Erde gebracht. Das schöne blutjunge Burgfräulein umstrickte der Fremde ganz mit geheimnisvollen unauflöslichen Banden. Sie wurden, da er sie im Gesange und Lautenspiel unterrichtete, binnen kurzer Zeit ganz vertraut miteinander, und oft schlich der Fremde um Mitternacht zu dem alten Baum, wo das Fräulein seiner schon harrte. Dann hörte man aus weiter Ferne ihren Gesang und die verhallenden Töne der Laute des Fremden, aber so seltsam, so schauerlich klangen die Melodien, daß niemand es wagte, näher hinzugehen oder gar die Liebenden zu verraten. An einem Morgen war der Fremde plötzlich verschwunden, und vergebens suchte man das Fräulein im ganzen Schlosse. Von folternder Angst, von der Ahnung des Entsetzlichen ergriffen, schwang sich der Vater auf das Pferd und sprengte nach dem Walde, den Namen seines Kindes in trostlosem Jammer laut rufend. Als er zu dem Stein kam, wo der Fremde so oft mit dem Fräulein um Mitternacht saß und koste, sträubten sich die Mähnen des mutigen Pferdes, es schnaubte und prustete, wie festgezaubert von einem höllischen Geiste, war es nicht von der Stelle zu bringen. Der Junker glaubte, das Pferd scheue sich vor der wunderlichen Form des Steines, er stieg daher ab, um es vorüber zu führen, aber im Starrkrampf des Entsetzens stockten seine Pulse, und er stand regungslos, als er die hellen Blutstropfen erblickte, die dem Stein häufig entquollen. Wie von einer höheren Macht getrieben, schoben die Jägersleute und Bauern, die dem Junker gefolgt waren, den Stein mit vieler Mühe zur Seite und fanden darunter das arme Fräulein mit vielen Dolchstichen ermordet und verscharrt, die Laute des Fremden aber neben ihr zertrümmert. Seit der Zeit nistet alljährlich auf dem Baum eine Nachtigall und singt um Mitternacht in klagenden, das Innerste durchdringenden Weisen; aus dem Blute entstanden aber die wunderlichen Moose und Kräuter, die jetzt auf dem Steine in seltsamlichen Farben prangen. – Ich durfte, da ich noch ein gar junger Knabe war, ohne des Vaters Erlaubnis nicht in den Wald gehen, aber der Baum, und vorzüglich der Stein, zogen mich unwiderstehlich hin. So oft das Pförtchen in der Gartenmauer nicht verschlossen war, schlüpfte ich hinaus zu meinem lieben Stein, an dessen Moosen und Kräutern, die die seltsamsten Figuren bildeten, ich mich nicht satt sehen konnte. Oft glaubte ich die Zeichen zu verstehen, und es war mir, als sähe ich allerlei abenteuerliche Geschichten, wie sie die Mutter mir erzählt hatte, darauf abgebildet, mit Erklärungen dazu. Dann mußte ich, den Stein beschauend, wieder ganz unwillkürlich an das schöne Lied denken, welches der

Vater beinahe täglich sang, sich auf einem Klavizembal begleitend, und welches mich immer so innig rührte, daß ich, die liebsten Kinderspiele vergessend, mit hellen Tränen in den Augen nur zuhören mochte. Eben bei dem Anhören des Liedes kamen mir dann wieder meine lieben Moose in den Sinn, so, daß beides mir bald nur eins schien und ich es in Gedanken kaum von einander zu trennen vermochte. Zu *der* Zeit entwickelte sich meine Neigung zur Musik mit jedem Tage stärker, und mein Vater, selbst ein guter Musikus, ließ es sich recht angelegen sein, mich sorgfältig zu unterrichten. Er glaubte nicht allein einen wackern Spieler, sondern auch wohl einen Komponisten aus mir zu bilden, weil ich so eifrig darüber her war, auf dem Klavier Melodien und Akkorde zu suchen, die bisweilen viel Ausdruck und Zusammenhang hatten. Aber oft hätte ich bitterlich weinen, ja in verzagter Trostlosigkeit nie mehr das Klavier anrühren mögen, denn immer wurde es, indem ich die Tasten berührte, etwas anderes, als ich wollte. Unbekannte Gesänge, die ich nie gehört, durchströmten mein Inneres, und es war mir dann, nicht des Vaters Lied, sondern eben jene Gesänge, die mich wie Geisterstimmen umtönten, wären in den Moosen des Steins, wie in geheimen wundervollen Zeichen, aufbewahrt, und wenn man sie recht mit voller Liebe anschaue, müßten die Lieder des Fräuleins in den leuchtenden Tönen ihrer anmutigen Stimme hervorgehen. Wirklich geschah es auch, daß, den Stein betrachtend, ich oft in ein hinbrütendes Träumen geriet und dann den herrlichen Gesang des Fräuleins vernahm, der meine Brust mit wunderbarem wonnevollen Schmerz erfüllte. Aber so wie ich selbst das nachsingen oder auf dem Klavier nachspielen wollte, ging alles so deutlich Gehörte unter in ein dunkles verworrenes Ahnen. Im kindischen, abenteuerlichen Beginnen verschloß ich oft das Instrument und horchte, ob nun nicht deutlicher und herrlicher die Gesänge heraushallen würden, denn ich wußte ja wohl, daß darin wie verzaubert die Töne wohnen müßten. Ich wurde ganz trostlos, und wenn ich nun vollends die Lieder und Übungsstücke meines Vaters spielen sollte, die mir widrig und unausstehlich geworden, wollte ich vergehen vor Ungeduld. So kam es denn, daß ich alles technische Studium der Musik vernachlässigte, und mein Vater, an meiner Fähigkeit verzweifelnd, den Unterricht ganz aufgab. In späterer Zeit, auf dem Lyzeum in der Stadt, erwachte meine Lust zur Musik auf andere Weise. Die technische Fertigkeit mehrerer Schüler trieb mich an, ihnen gleich zu werden. Ich gab mir viele Mühe, aber je mehr ich des Mechanischen Herr wurde, desto weniger wollte es mir gelingen, jene Töne, die in wunderherrlichen Melodien sonst in meinem Gemüte erklangen, wieder zu erlauschen. Der Musikdirektor des Lyzeums, ein alter Mann und, wie man sagte, großer Kontrapunktist, unterrichtete mich im Generalbaß und in der Komposition. *Der* wollte sogar Anleitung geben, wie man Melodien erfinden müsse, und ich tat mir recht was darauf zu gute, wenn ich ein Thema ergrübelt hatte, das sich in alle kontrapunktische Wendungen fügte. So glaubte ich ein ganzer Musiker zu sein, als ich nach einigen Jahren in mein Dorf zurückkehrte. Da stand noch in meiner Zelle das alte kleine Klavier, an dem ich so manche Nacht gesessen und Tränen des Unmuts vergossen. Auch den wunderbaren Stein sah ich wieder, aber sehr klug geworden, lachte ich über meinen kindischen Wahnwitz, aus den Moosen Melodien *heraussehen* zu wollen. Doch konnte ich es mir selbst nicht ableugnen, daß der einsame geheimnisvolle Ort unter dem Baum mich mit wundervollen Ahnungen umfing. Ja! – im Grase liegend, an den Stein gelehnt, hörte ich oft, wenn der Wind durch des Baumes

Blätter rauschte, es wie holde herrliche Geisterstimmen ertönen, aber die Melodien, welche sie sangen, hatten ja längst in meiner Brust geruht, und wurden nun wach und lebendig! – Wie schal, wie abgeschmackt kam mir alles vor, was ich gesetzt hatte, es schien mir gar keine Musik zu sein, mein ganzes Streben, das ungereimte Wollen eines nichtigen Nichts. – Der Traum erschloß mir sein schimmerndes, herrliches Reich und ich wurde getröstet. Ich sah den Stein – seine roten Adern gingen auf wie dunkle Nelken, deren Düfte sichtbarlich in hellen tönenden Strahlen emporfuhren. In den langen anschwellenden Tönen der Nachtigall verdichteten sich die Strahlen zur Gestalt eines wundervollen Weibes, aber die Gestalt war wieder himmlische, herrliche Musik!«

Die Geschichte unseres Chrysostomus hat, wie Du, lieber Johannes! einsiehest, in der Tat viel Belehrendes, weshalb sie in dem Lehrbrief den würdigen Platz findet. Wie trat doch so sichtbarlich aus einer fremden fabelhaften Zeit die hohe Macht in sein Leben, die ihn erweckte! – Unser Reich ist nicht von dieser Welt, sagen die Musiker, denn wo finden wir in der Natur, so wie der Maler und der Plastiker, den Prototypus unserer Kunst? – Der Ton wohnt überall, die Töne, das heißt die Melodien, welche die höhere Sprache des Geisterreichs reden, ruhen nur in der Brust des Menschen. – Aber geht denn nicht, so wie der Geist des Tons, auch der Geist der Musik durch die ganze Natur? Der mechanisch affizierte tönende Körper spricht ins Leben geweckt sein Dasein aus, oder vielmehr sein innerer Organismus tritt im Bewußtsein hervor. Wie, wenn ebenso der Geist der Musik, angeregt von dem Geweihten, in geheimen, nur diesem vernehmbaren Anklängen sich melodisch und harmonisch ausspräche? Der Musiker, das heißt, der, in dessen Innerem die Musik sich zum deutlichen klaren Bewußtsein entwickelt, ist überall von Melodie und Harmonie umflossen. Es ist kein leeres Bild, keine Allegorie, wenn der Musiker sagt, daß ihm Farben, Düfte, Strahlen, als Töne erscheinen, und er in ihrer Verschlingung ein wundervolles Konzert erblickt. So wie, nach dem Ausspruch eines geistreichen Physikers, Hören ein Sehen von innen ist, so wird dem Musiker das Sehen ein Hören von innen, nämlich zum innersten Bewußtsein der Musik, die, mit seinem Geiste gleichmäßig vibrierend aus allem ertönt, was sein Auge erfaßt. So würden die plötzlichen Anregungen des Musikers, das Entstehen der Melodien im Innern, das bewußtlose oder vielmehr das in Worten nicht darzulegende Erkennen und Auffassen der geheimen Musik der Natur als Prinzip des Lebens oder alles Wirkens in demselben sein. Die hörbaren Laute der Natur, das Säuseln des Windes, das Geräusch der Quellen und anderes mehr sind dem Musiker erst einzelne ausgehaltene Akkorde, dann Melodien mit harmonischer Begleitung. Mit der Erkenntnis steigt der innere Wille, und mag der Musiker sich dann nicht zu der ihn umgebenden Natur verhalten, wie der Magnetiseur zur Somnambule, indem sein lebhaftes Wollen die Frage ist, welche die Natur nie unbeantwortet läßt? – Je lebhafter, je durchdringender die Erkenntnis wird, desto höher steht der Musiker als Komponist, und die Fähigkeit, jene Anregungen wie mit einer besonderen geistigen Kraft festzuhalten und festzubannen in Zeichen und Schrift, ist die Kunst des Komponierens. Diese Macht ist das Erzeugnis der musikalischen künstlichen Ausbildung, die auf das ungezwungene geläufige Vorstellen der Zeichen (Noten) hinarbeitet. Bei der individualisierten Sprache waltet solch innige Verbindung zwischen Ton und Wort, daß kein Gedanke in uns sich ohne seine Hieroglyphe – (den Buchstaben der Schrift) erzeugt, die Musik bleibt allgemeine Sprache der Natur, in wunderbaren, geheimnisvollen Anklängen spricht sie zu uns, vergeblich ringen wir danach, diese in Zeichen festzubannen, und jenes künstliche Anreihen der Hieroglyphe erhält uns nur die Andeutung dessen, was wir erlauscht. – Mit diesen wenigen Sprüchen stelle ich Dich nunmehr, lieber Johannes, an die Pforten des Isistempels, damit Du fleißig forschen mögest, und Du wirst nun wohl recht lebhaft einsehen, worin ich Dich für fähig halte, wirklich einen musikalischen Kursus zu beginnen. Zeige diesen Lehrbrief denen vor, die, ohne es vielleicht deutlich zu wissen, mit Dir an jenen Pforten stehen, und erläutere ebenfalls denen, die mit der Geschichte vom bösen Fremden und dem Burgfräulein nichts Rechtes anzufangen wissen, die Sache dahin, daß das wunderliche Abenteuer, das so in das Leben des Chrysostomus einwirkte, ein treffendes Bild sei des irdischen Unterganges durch böses Wollen einer feindlichen Macht, dämonischer Mißbrauch der Musik, aber dann Aufschwung zum Höheren, Verklärung in Ton und Gesang!

Und nun, ihr guten Meister und Gesellen, die ihr euch an den Toren der großen Werkstatt versammelt habt, nehmt den Johannes freundlich in eure Mitte auf, und verargt es ihm nicht, daß, indem ihr nur lauschen möget, er vielleicht dann und wann an das Tor mit leisen Schlägen zu pochen waget. Nehmt es auch nicht übel, daß, wenn ihr sauber und nett eure Hieroglyphen schreibet, er einige Krakelfüße mit einmischet, im Schönschreiben will er ja eben noch von euch profitieren.

Gehab Dich wohl, lieber Johannes Kreisler! – es ist mir so, als würde ich Dich nicht wiedersehen! – Setze mir, wenn Du mich gar nicht mehr finden solltest, nachdem Du um mich, so wie Hamlet um den seligen Yorick, gehörig lamentiert hast, ein friedliches »Hic jacet« und ein

Dieses Kreuz dient zugleich zum großen Insiegel meines Lehrbriefes, und so unterschreibe ich mich denn

– Ich wie Du

Johannes Kreisler,
cidevant Kapellmeister.

14,5
15,5
16,5
17,5
18,6$_5$
19,8
25,2
26,7
28,3$_5$
30,0$_5$
31,8
f
f
sf
sf
32
2
ø10

77,9₅
73,2
69,0
65,1
61,4
57,8
54,4
51,4
48,6
45,9
43,4
70
60
50
40
30
20
10
0
75 77

23,0
24,4
25,8
27,2
28,7
30,4
32,0
33,8
35,7
S
ø8,4
R1
60°
83 85 87 89

»Jedesmal wenn einige
Antworten gegeben worden,
setzte der Künstler einen
Schlüssel in die linke
Seite der Figur ein und zog
mit vielem Geräusch ein
Uhrwerk auf.«

Die Automate

Der redende Türke machte allgemeines Aufsehen, ja er brachte die ganze Stadt in Bewegung, denn jung und alt, vornehm und gering strömte vom Morgen bis in die Nacht hinzu, um die Orakelsprüche zu vernehmen, die von den starren Lippen der wunderlichen lebendig-toten Figur den Neugierigen zugeflüstert wurden. Wirklich war auch die ganze Einrichtung des Automats von der Art, daß jeder das Kunstwerk von allen ähnlichen Tändeleien, wie sie wohl öfters auf Messen und Jahrmärkten gezeigt werden, gar sehr unterscheiden und sich davon angezogen fühlen mußte. In der Mitte eines nicht eben großen nur mit dem notwendigsten Gerät versehenen Zimmers saß die lebensgroße, wohlgestaltete Figur, in reicher geschmackvoller türkischer Kleidung, auf einem niedrigen wie ein Dreifuß geformten Sessel, den der Künstler auf Verlangen wegrückte, um jede Vermutung der Verbindung mit dem Fußboden zu widerlegen, die linke Hand zwanglos auf das Knie, die rechte dagegen auf einen kleinen freistehenden Tisch gelegt. Die ganze Figur war, wie gesagt, in richtigen Verhältnissen wohlgestaltet, allein vorzüglich war der Kopf gelungen; eine wahrhaft orientalisch geistreiche Physiognomie gab dem Ganzen ein Leben, wie man es selten bei Wachsbildern, wenn sie selbst den charaktervollen Gesichtern geistreicher Menschen nachgeformt sind, findet. Ein leichtes Geländer umschloß das Kunstwerk und wehrte den Anwesenden das nahe Hinzutreten, denn nur *der,* welcher sich von der Struktur des Ganzen, soweit es der

Künstler sehen lassen konnte, ohne sein Geheimnis zu verraten überzeugen wollte, oder der eben Fragende durfte in das Innere und dicht an die Figur treten. Hatte man, wie es gewöhnlich war, dem Türken die Frage ins rechte Ohr geflüstert, so drehte er erst die Augen, dann aber den ganzen Kopf nach dem Fragenden hin, und man glaubte an dem Hauch zu fühlen, der aus dem Munde strömte, daß die leise Antwort wirklich aus dem Innern der Figur kam. Jedesmal wenn einige Antworten gegeben worden, setzte der Künstler einen Schlüssel in die linke Seite der Figur ein und zog mit vielem Geräusch ein Uhrwerk auf. Hier öffnete er auch auf Verlangen eine Klappe, und man erblickte im Innern der Figur ein künstliches Getriebe von vielen Rädern, die nun wohl auf das Sprechen des Automaten durchaus keinen Einfluß hatten, indessen doch augenscheinlich so viel Platz einnahmen, daß sich in dem übrigen Teil der Figur unmöglich ein Mensch, war er auch kleiner als der berühmte Zwerg Augusts, der aus der Pastete kroch, verbergen konnte. Nächst der Bewegung des Kopfs, die jedesmal vor der Antwort geschah, pflegte der Türke auch zuweilen den rechten Arm zu erheben und entweder mit dem Finger zu drohen oder mit der ganzen Hand gleichsam die Frage abzuweisen. Geschah dieses, so konnte nur das wiederholte Andringen des Fragers eine mehrenteils zweideutige oder verdrießliche Antwort bewirken, und eben auf diese Bewegungen des Kopfs und Armes mochte sich wohl jenes Räderwerk beziehen, unerachtet auch hier die Rückwirkung eines denkenden Wesens unerläßlich schien. Man erschöpfte sich in Vermutungen über das Medium der wunderbaren Mitteilung, man untersuchte Wände, Nebenzimmer, Gerät, alles vergebens. Die Figur, der Künstler waren von den Argusaugen der geschicktesten Mechaniker umgeben, aber je mehr er sich auf diese

Art bewacht merkte, desto unbefangener war sein Betragen. Er sprach und scherzte in den entlegensten Ecken des Zimmers mit den Zuschauern und ließ seine Figur wie ein ganz für sich bestehendes Wesen, das irgend einer Verbindung mit ihm nicht bedürfe, ihre Bewegungen machen und Antworten erteilen; ja er konnte sich eines gewissen ironischen Lächelns nicht enthalten, wenn der Dreifuß und der Tisch auf allen Seiten herumgedreht und durchgeklopft, ja in die herabgenommene und weiter ans Licht gebrachte Figur mit Brillen und Vergrößerungsgläsern hineingeschaut wurde, und dann die Mechaniker versicherten, der Teufel möge aus dem wunderlichen Räderbau klug werden. Alles blieb vergebens, und die Hypothese, daß der Hauch, der aus dem Munde der Figur ströme, leicht durch verborgene Ventile hervorgebracht werden könne, und der Künstler selbst als ein trefflicher Bauchredner die Antworten erteile, wurde gleich dadurch vernichtet, daß der Künstler in demselben Augenblick, als der Türke eben eine Antwort erteilte, mit einem der Zuschauer laut und vernehmlich sprach. Unerachtet der geschmackvollen Einrichtung und des höchst Rätselhaften, Wunderbaren, was in dem ganzen Kunstwerke lag, hätte das Interesse des Publikums daran doch wohl bald nachgelassen, wäre es dem Künstler nicht möglich gewesen, auf eine andere Weise die Zuschauer immer aufs neue an sich zu ziehen. Dieses lag nun in den Antworten selbst, welche der Türke erteilte, und die jedesmal mit tiefem Blick in die Individualität des Fragenden bald trocken, bald ziemlich grob spaßhaft, und dann wieder voll Geist und Scharfsinn und wunderbarerweise bis zum Schmerzhaften treffend waren. Oft überraschte ein mystischer Blick in die Zukunft, der aber nur von dem Standpunkt möglich war, wie ihn sich der Fragende selbst tief im Gemüt gestellt hatte. Hierzu kam, daß der

Türke oft, deutsch gefragt, doch in einer fremden Sprache antwortete, die aber eben dem Fragenden ganz geläufig war, und man fand alsdann, daß es kaum möglich war die Antwort so rund, so in wenigen Worten viel umfassend anders zu geben, als eben in der gewählten Sprache. Kurz jeden Tag wußte man von neuen geistreichen, treffenden Antworten des weisen Türken zu erzählen, und ob die geheimnisvolle Verbindung des lebenden menschlichen Wesens mit der Figur, oder nicht vielmehr eben dies Eingehen in die Individualität der Fragenden und überhaupt der seltene Geist der Antworten wunderbarer sei, das wurde in der Abendgesellschaft eifrigst besprochen, in welcher sich gerade die beiden akademischen Freunde *Ludwig* und *Ferdinand* befanden. Beide mußten zu ihrer Schande eingestehen, den Türken noch nicht besucht zu haben, ungeachtet es gewissermaßen zum guten Ton gehörte, hinzugehen, und die mirakulösen Antworten, die man auf verfängliche Fragen erhalten, überall aufzutischen. »Mir sind«, sagte Ludwig, »alle solche Figuren, die dem Menschen nicht sowohl nachgebildet sind, als das Menschliche nachäffen, diese wahren Standbilder eines lebendigen Todes oder eines toten Lebens, im höchsten Grade zuwider. Schon in früher Jugend lief ich weinend davon, als man mich in ein Wachsfigurenkabinett führte, und noch kann ich kein solches Kabinett betreten, ohne von einem unheimlichen grauenhaften Gefühl ergriffen zu werden. Mit Macbeths Worten möchte ich rufen: ›Was starrst du mich an mit Augen ohne Sehkraft?‹, wenn ich die stieren, toten, gläsernen Blicke all der Potentaten, berühmten Helden und Mörder und Spitzbuben auf mich gerichtet sehe, und ich bin überzeugt, daß die mehrsten Menschen dies unheimliche Gefühl, wenn auch nicht in dem hohen Grade, wie es in mir waltet, mit mir teilen, denn man wird finden, daß im Wachsfigurenkabinett auch die größte Menge Menschen nur ganz leise flüstert, man hört selten ein lautes Wort; aus Ehrfurcht gegen die hohen Häupter geschieht dies nicht, sondern es ist nur der Druck des Unheimlichen, Grauenhaften, der den Zuschauern jenes Pianissimo abnötigt. Vollends sind mir die durch die Mechanik nachgeahmten menschlichen Bewegungen toter Figuren sehr fatal, und ich bin überzeugt, daß euer wunderbarer geistreicher Türke mit seinem Augenverdrehen, Kopfwenden und Armerheben mich wie ein negromantisches Ungetüm vorzüglich in schlaflosen Nächten verfolgen würde. Ich mag deshalb nicht hingehen, und will mir lieber alles Witzige und Scharfsinnige, was er diesem oder jenem gesagt, erzählen lassen.«

»Du weißt«, nahm Ferdinand das Wort, »daß alles, was du von dem tollen Nachäffen des Menschlichen, von den lebendig-toten Wachsfiguren gesagt hast, mir recht aus der Seele gesprochen ist. Allein bei den mechanischen Automaten kommt es wirklich sehr auf die Art und Weise an, wie der Künstler das Werk ergriffen hat. Einer der vollkommensten Automate, die ich je sah, ist der Enslersche Voltigeur, allein so wie seine kraftvollen Bewegungen wahrhaft imponierten, ebenso hatte sein plötzliches Sitzenbleiben auf dem Seil, sein freundliches Nicken mit dem Kopfe, etwas höchst Skurriles; gewiß hat niemanden jenes grauenhafte Gefühl ergriffen, das solche Figuren vorzüglich bei sehr reizbaren Personen nur zu leicht hervorbringen. Was nun unsern Türken betrifft, so hat es meines Bedünkens mit ihm eine andere Bewandtnis. Seine, nach der Beschreibung aller, die ihn sahen, höchst ansehnliche, ehrwürdige Figur ist etwas ganz Untergeordnetes, und sein Augenverdrehen und Kopfwenden gewiß nur da, um unsere Aufmerksamkeit ganz auf *ihn*, wo gerade der Schlüssel des Geheimnisses *nicht* zu finden ist, hinzulenken.

Daß der Hauch aus dem Munde des Türken strömt, ist möglich, oder vielleicht gewiß, da die Erfahrung es beweist; hieraus folgt aber noch nicht, daß jener Hauch wirklich von den gesprochenen Worten erregt wird. Es ist gar kein Zweifel, daß ein menschliches Wesen, vermöge uns verborgener und unbekannter akustischer und optischer Vorrichtungen mit dem Fragenden in solcher Verbindung steht, daß es ihn sieht, ihn hört und ihm wieder Antworten zuflüstern kann. Daß noch niemand, selbst unter unsern geschickten Mechanikern, auch nur im mindesten auf die Spur gekommen, wie jene Verbindung wohl hergestellt sein kann, zeigt, daß des Künstlers Mittel sehr sinnreich erfunden sein müssen, und so verdient von dieser Seite sein Kunstwerk allerdings die größte Aufmerksamkeit. Was mir aber viel wunderbarer scheint und mich in der Tat recht anzieht, das ist die geistige Macht des unbekannten menschlichen Wesens, vermöge dessen es in die Tiefe des Gemüts des Fragenden zu dringen scheint – es herrscht oft eine Kraft des Scharfsinns und zugleich ein grausenhaftes Helldunkel in den Antworten, wodurch sie zu Orakelsprüchen im strengsten Sinn des Worts werden. Ich habe von mehrern Freunden in dieser Hinsicht Dinge gehört, die mich in das größte Erstaunen setzten, und ich kann nicht länger dem Drange widerstehen, den wundervollen Sehergeist des Unbekannten selbst auf die Probe zu stellen, weshalb ich mich entschlossen, morgen vormittags hinzugehen, und dich hiermit, lieber Ludwig! feierlichst eingeladen haben will, alle Scheu vor lebendigen Puppen abzulegen und mich zu begleiten.«

Sosehr sich Ludwig sträubte, mußte er doch, um nicht für einen Sonderling gehalten zu werden, nachgeben, als mehrere auf ihn einstürmten, ja sich nicht von der belustigenden Partie auszuschließen, und im Verein mit ihnen morgen dem mirakulösen Türken recht auf den Zahn zu fühlen. Ludwig und Ferdinand gingen wirklich mit mehreren muntern Jünglingen, die sich deshalb verabredet, hin. Der Türke, dem man orientalische Grandezza gar nicht absprechen konnte, und dessen Kopf, wie gesagt, so äußerst wohlgelungen war, kam Ludwigen doch im Augenblick des Eintretens höchst possierlich vor, und als nun vollends der Künstler den Schlüssel in die Seite einsetzte und die Räder zu schnurren anfingen, wurde ihm das ganze Ding so abgeschmackt und verbraucht, daß er unwillkürlich ausrief: »Ach, meine Herren! Hören Sie doch, wir haben höchstens Braten im Magen, aber die türkische Exzellenz da einen ganzen Bratenwender dazu!« Alle lachten, und der Künstler, dem der Scherz nicht zu gefallen schien, ließ sogleich vom weitern Aufziehen des Räderwerks ab. Sei es nun, daß die joviale Stimmung der Gesellschaft dem weisen Türken mißfiel, oder daß er den Morgen gerade nicht bei Laune war, genug, alle Antworten, die zum Teil durch recht witzige, geistreiche Fragen veranlaßt wurden, blieben nichtsbedeutend und schal, Ludwig hatte vorzüglich das Unglück, beinahe niemals von dem Orakel richtig verstanden zu werden und ganz schiefe Antworten zu erhalten; schon wollte man unbefriedigt das Automat und den sichtlich verstimmten Künstler verlassen, als Ferdinand sprach: »Nicht wahr, meine Herren, Sie sind alle mit dem weisen Türken nicht sonderlich zufrieden, aber vielleicht lag es an uns selbst, an unsern Fragen, die dem Manne nicht gefielen – eben daß er jetzt den Kopf dreht und die Hand aufhebt« (die Figur tat dies wirklich), »scheint meine Vermutung als wahr zu bestätigen! – Ich weiß nicht, wie mir jetzt es in den Sinn kommt, noch eine Frage zu tun, deren Beantwortung, ist sie treffend, die Ehre des Automats mit einem Male retten kann.« Ferdinand trat zu der Figur hin und flüsterte ihr einige Worte leise ins Ohr; der Türke erhob den Arm, er wollte nicht antworten, Ferdinand ließ nicht ab, da wandte der Türke den Kopf zu ihm hin. –

Ludwig bemerkte, daß Ferdinand plötzlich erblaßte, nach einigen Sekunden aber aufs neue fragte und gleich die Antwort erhielt. Mit erzwungenem Lächeln sagte Ferdinand zur Gesellschaft: »Meine Herren, ich kann versichern, daß wenigstens für mich der Türke seine Ehre gerettet hat; damit aber das Orakel ein recht geheimnisvolles Orakel bleibe, so erlassen Sie es mir wohl zu sagen, was ich gefragt und was er geantwortet.«

Sosehr Ferdinand seine innere Bewegung verbergen wollte, so äußerte sie sich doch nur zu deutlich in dem Bemühen, froh und unbefangen zu scheinen, und hätte der Türke die wunderbarsten treffendsten Antworten erteilt, so würde die Gesellschaft nicht von dem sonderbaren, beinahe grauenhaften Gefühl ergriffen worden sein, das eben jetzt Ferdinands sichtliche Spannung hervorbrachte. Die vorige Heiterkeit war verschwunden, statt des sonst fortströmenden Gesprächs fielen nur einzelne abgebrochene Worte, und man trennte sich in gänzlicher Verstimmung.

Kaum war Ferdinand mit Ludwig allein, so fing er an: »Freund! Dir mag ich es nicht verhehlen, daß der Türke in mein Innerstes gegriffen, ja, daß er mein Innerstes verletzt hat, so daß ich den Schmerz wohl nicht verwinden werde, bis mir die Erfüllung des gräßlichen Orakelspruchs den Tod bringt.«

Ludwig blickte den Freund voll Verwunderung und Erstaunen an, aber Ferdinand fuhr fort: »Ich sehe nun wohl, daß dem unsichtbaren Wesen, das sich uns durch den Türken auf eine geheimnisvolle Weise mitteilt, Kräfte zu Gebote stehen, die mit magischer Gewalt unsre geheimsten Gedanken beherrschen, und vielleicht erblickt die fremde Macht klar und deutlich den Keim des Zukünftigen, der in uns selbst im mystischen Zusammenhange mit der Außenwelt genährt wird, und weiß so alles, was in fernen Tagen auf uns einbrechen wird, so wie es Menschen gibt mit der unglücklichen Sehergabe, den Tod zur bestimmten Stunde vorauszusagen.«

»Du mußt Merkwürdiges gefragt haben«, erwiderte Ludwig, »vielleicht legst du aber selbst in die zweideutige Antwort des Orakels das Bedeutende, und was das Spiel des launenhaften Zufalls in seltsamer Zusammenstellung gerade Eingreifendes, Treffendes hervorbrachte, schreibst du der mystischen Kraft des gewiß ganz unbefangenen Menschen zu, der sich durch den Türken vernehmen läßt.«

»Du widersprichst«, nahm Ferdinand das Wort, »in dem Augenblick dem, was wir sonst einstimmig zu behaupten pflegen, wenn von dem sogenannten Zufall die Rede ist. Damit du alles wissen, damit du es recht fühlen mögest, wie ich heute in meinem Innersten aufgeregt und erschüttert bin, muß ich dir etwas aus meinem frühern Leben vertrauen, wovon ich bis jetzt schwieg. Es sind schon mehrere Jahre her, als ich von den in Ostpreußen gelegenen Gütern meines Vaters nach B. zurückkehrte. In K. traf ich mit einigen jungen Kurländern zusammen, die ebenfalls nach B. wollten, wir reisten zusammen in drei mit Postpferden bespannten Wagen, und du kannst denken, daß bei uns, die wir in den Jahren des ersten, kräftigen Aufbrausens mit wohlgefülltem Beutel so in die Welt hineinreisen konnten, die Lebenslust beinahe bis zur wilden Ausgelassenheit übersprudelte. Die tollsten Einfälle wurden im Jubel ausgeführt, und ich erinnere mich noch, daß wir in M., wo wir gerade am Mittage ankamen, den Dormeusenvorrat der Posthalterin plünderten, und ihrer Protestationen unerachtet mit dem Raube gar ziemlich geschmückt Tabak rauchend vor dem Hause, unter großem Zulauf des Volks, auf und ab spazierten, bis wir wieder unter dem lustigen Hörnerschall der Postillione abfuhren. In der herrlichsten jovialsten Gemütsstimmung kamen wir nach D., wo wir der schönen Gegenden wegen einige Tage verweilen wollten. Jeden Tag gab es lustige Partien; einst waren wir bis zum späten Abend auf dem Karlsberge und in der benachbarten Gegend herumgestreift, und als wir in den Gasthof zurückkehrten, erwartete uns schon der köstliche Punsch, den wir vorher bestellt, und den wir uns, von der Seeluft durchhaucht, wacker schmecken ließen, so daß, ohne eigentlich berauscht zu sein, mir doch alle Pulse in den Adern hämmerten und schlugen, und das Blut wie ein Feuerstrom durch die Nerven glühte. Ich warf mich, als ich endlich in mein Zimmer zurückkehren durfte, auf das Bett, aber trotz der Ermüdung war mein Schlaf doch nur mehr ein träumerisches Hinbrüten, in dem ich alles vernahm, was um mich vorging. Es war mir, als würde in dem Nebenzimmer leise gesprochen, und endlich unterschied ich deutlich eine männliche Stimme, welche sagte: ›Nun so schlafe denn wohl und halte dich fertig zur bestimmten Stunde.‹ Eine Tür wurde geöffnet und wieder geschlossen, und nun trat eine tiefe Stille ein, die aber bald durch einige leise Akkorde eines Fortepianos unterbrochen wurde. Du weißt, Ludwig! welch ein Zauber in den Tönen der Musik liegt, wenn sie durch die stille Nacht hallen. So war es auch jetzt, als spräche in jenen Akkorden eine holde Geisterstimme zu mir; ich gab mich dem wohltätigen Eindruck ganz hin, und glaubte, es würde nun wohl etwas Zusammenhängendes, irgend eine Phantasie, oder sonst ein musikalisches Stück folgen, aber wie wurde mir, als die herrliche göttliche Stimme eines Weibes in einer herzergreifenden Melodie die Worte sang:

›Mio ben ricordati
s'avvien ch'io mora,
quanto quest' anima
fedel t'amò.
Lo se pur amano
le fredde ceneri
nel urna ancora
t'adorerò!‹

Wie soll ich es denn anfangen, dir das nie gekannte, nie geahnete Gefühl nur anzudeuten, welches die langen – bald anschwellenden – bald verhallenden Töne in mir aufregten. Wenn die ganz eigentümliche, nie gehörte Melodie – ach es war ja die tiefe, wonnevolle Schwermut der inbrünstigsten Liebe selbst – wenn sie den Gesang in einfachen Melismen bald in die Höhe führte, daß die Töne wie helle Kristallglokken erklangen, bald in die Tiefe hinabsenkte, daß er in den dumpfen Seufzern einer hoffnungslosen Klage zu ersterben schien, dann fühlte ich, wie ein unnennbares Entzücken mein Innerstes durchbebte, wie der Schmerz der unendlichen Sehnsucht meine Brust krampfhaft zusammenzog, wie mein Atem stockte, wie mein Selbst unterging in namenloser, himmlischer Wollust. Ich wagte nicht, mich zu regen, meine ganze Seele, mein ganzes Gemüt war nur Ohr. Schon längst hatten die Töne geschwiegen, als ein Tränenstrom endlich die Überspannung brach, die mich zu vernichten drohte. Der Schlaf mochte mich doch zuletzt übermannt haben, denn als ich von dem gellenden Ton eines Posthorns geweckt auffuhr, schien die helle Morgensonne in mein Zimmer, und ich wurde gewahr, daß ich nur im Traume des höchsten Glücks, der höchsten Seligkeit, die für mich auf der Erde zu finden, teilhaftig worden. – Ein herrliches blühendes Mädchen war in mein Zimmer getreten; es war die Sängerin und sie sprach zu mir mit gar lieblicher, holdseliger Stimme: ›So konntest du mich dann wiedererkennen, lieber, lieber Ferdinand! aber ich wußte ja wohl, daß ich nur singen durfte, um wieder ganz in dir zu leben; denn jeder Ton ruhte ja in deiner Brust, und mußte in meinem Blick erklingen.‹ Welches unnennbare Entzücken durchströmte mich, als ich nun sah, daß es die Geliebte meiner Seele war, die ich schon von früher Kindheit an im Herzen getragen, die mir ein feindliches Geschick nur so lange entrissen und die ich Hochbeglückter nun wiedergefunden. Aber meine inbrünstige Liebe erklang eben in jener Melodie der tief klagenden Sehnsucht, und unsere Worte, unsere Blicke wurden zu herrlichen anschwellenden Tönen, die wie in einem Feuerstrom zusammenflossen. – Nun ich erwacht war, mußte ich mir's eingestehen, daß durchaus keine Erinnerung aus früher Zeit sich an das holdselige Traumbild knüpfte – ich hatte das herrliche Mädchen zum erstenmal gesehen. Es wurde vor dem Hause laut und heftig gesprochen – mechanisch raffte ich mich auf und eilte ans Fenster; ein ältlicher, wohlgekleideter Mann zankte mit den Postknechten, die etwas an dem zierlichen Reisewagen zerbrochen. Endlich war alles hergestellt, und nun rief der Mann herauf: ›Jetzt ist alles in Ordnung, wir wollen fort.‹ Ich wurde gewahr, daß dicht neben mir ein Frauenzimmer zum Fenster herausgesehen, die nun schnell zurückfuhr, so daß ich, da sie einen ziemlich tiefen Reisehut aufgesetzt hatte, das Gesicht nicht erkennen konnte. Als sie aus der Haustüre trat, wandte sie sich um und sah zu mir herauf. – Ludwig! – Es war die Sängerin! – Es war das Traumbild – der Blick des himmlischen Auges fiel auf mich, und es war mir, als träfe der Strahl eines Kristalltons meine Brust wie ein glühender Dolchstich, daß ich den Schmerz physisch fühlte, daß alle meine Fibern und Nerven erbebten und ich vor unnennbarer Wonne erstarrte. – Schnell war sie im Wagen – der Postillion blies wie im jubelnden Hohn ein munteres Stückchen. – Im Augenblick waren sie um die Straßenecke verschwunden. Wie ein Träumender blieb ich im Fenster, die Kurländer traten ins Zimmer, mich zu einer verabredeten Lustfahrt hinabzuholen – ich sprach kein Wort – man hielt mich für krank – wie hätte ich auch nur das mindeste davon äußern können, was geschehen! Ich unterließ es, mich nach den Fremden, die neben mir gewohnt, im Hause zu erkundigen, denn es war, als entweihe jedes Wort andrer Lippen, das sich auf die Herrliche bezöge, das zarte Geheimnis meines Herzens. Getreulich wollte ich es fortan in mir tragen und nie mehr lassen von *der,* die nun die Ewiggeliebte meiner Seele worden, sollte ich sie auch nimmer wieder schauen. Du, mein Herzensfreund! erkennst wohl ganz den Zustand, in den ich mich versetzt fühlte; du tadelst mich daher nicht, daß ich alles und jedes vernachlässigte, mir auch nur eine Spur von der unbekannten Geliebten zu verschaffen. Die lustige Gesellschaft der Kurländer wurde mir in meiner Stimmung höchst zuwider, ehe sie sich's versahen, war ich in einer Nacht auf und davon, und eilte nach B., meiner damaligen Bestimmung zu folgen. Du weißt, daß ich schon seit früher Zeit ziemlich gut zeichnete; in B. legte ich mich unter der Anleitung geschickter Meister auf das Miniaturmalen und brachte es in kurzer Zeit so weit, daß ich den einzigen mir vorgesteckten Zweck, nämlich das höchst ähnliche Bild der Unbekannten würdig zu malen, erfüllen konnte. Heimlich, bei verschlossenen Türen, malte ich das Bild. Kein menschliches Auge hat es jemals gesehen, denn ein anderes Bild gleicher Größe ließ ich fassen, und setzte mit Mühe dann selbst das Bild der Geliebten ein, das ich seit der Zeit auf bloßer Brust trug.

Zum erstenmal in meinem Leben habe ich heute von dem höchsten Moment meines Lebens gesprochen, und du Ludwig! bist der einzige, dem ich mein Geheimnis vertraut! – Aber auch heute ist eine fremde Macht feindselig in mein Inneres gedrungen! – Als ich zu dem Türken hintrat, fragte ich, der Geliebten meines Herzens denkend: ›Werde ich künftig noch einen Moment erleben, der dem gleicht, wo ich am glücklichsten war?‹ Der Türke wollte, wie du bemerkt haben wirst, durchaus nicht antworten; endlich, als ich nicht nachließ, sprach er: ›Die Augen schauen in deine Brust, aber das spiegelblanke Gold, das mir zugewendet, verwirrt meinen Blick – wende das Bild um!‹ – Habe ich denn Worte für das Gefühl, das mich durchbebte? – Dir wird meine innre Bewegung nicht entgangen sein. Das Bild lag wirklich so auf meiner Brust, wie es der Türke angegeben; ich wandte es unbemerkt um, und wiederholte meine Frage, da sprach die Figur im düstern Ton: ›Unglücklicher! In dem Augenblick, wenn du sie wiedersiehst, hast du sie verloren!‹«

Eben wollte Ludwig es versuchen, den Freund, der in tiefes Nachdenken versunken war, mit tröstenden Worten aufzurichten, als sie durch mehrere Bekannte, die auf sie zuschritten, unterbrochen wurden.

Schon hatte sich das Gerücht von der neuen mysteriösen Antwort, die der weise Türke erteilte, in der Stadt verbreitet, und man erschöpfte sich in Vermutungen, was für eine unglückliche Prophezeiung wohl den vorurteilsfreien Ferdinand so aufgeregt haben könne; man bestürmte die Freunde mit Fragen, und Ludwig wurde genötigt, um seinen Freund aus dem Gedränge zu retten, ein abenteuerliches Geschichtchen aufzutischen, das desto mehr Eingang fand, je weiter es sich von der Wahrheit entfernte. Dieselbe Gesellschaft, in welcher Ferdinand angeregt wurde, den wunderbaren Türken zu besuchen, pflegte sich wöchentlich zu versammeln, und auch in der nächsten Zusammenkunft kam wieder der Türke um so mehr an die Reihe, als man sich immer noch bemühte, recht viel von Ferdinand selbst über ein Abenteuer zu hören, das ihn in die düstre Stimmung versetzt hatte, welche er vergebens zu verbergen suchte. Ludwig fühlte es nur zu lebhaft, wie sein Freund im Innersten erschüttert sein mußte, als er das tief in der Brust treu bewahrte Geheimnis einer phantastischen Liebe von einer fremden grauenvollen Macht durchschaut sah, und auch er war ebensogut wie Ferdinand fest überzeugt, daß dem das Geheimste durchdringenden Blick jener Macht auch wohl der mysteriöse Zusammenhang, vermöge dessen sich das Zukünftige dem Gegenwärtigen anreiht, offenbar sein könne. Ludwig mußte an den Spruch des Orakels glauben, aber das feindselige schonungslose Verraten des bösen Verhängnisses, das dem Freunde drohte, brachte ihn gegen das versteckte Wesen, das sich durch den Türken vernehmen ließ, auf. Er bildete daher standhaft gegen die zahlreichen Bewunderer des Kunstwerks die Opposition und behauptete, als jemand bemerkte, in den natürlichen Bewegungen des Automats liege etwas ganz besonders Imposantes, wodurch der Eindruck der orakelmäßigen Antworten erhöht werde, gerade das Augenverdrehen und Kopfwenden des ehrbaren Türken habe für ihn was unbeschreiblich Possierliches gehabt, weshalb er auch durch ein Bonmot, das ihm entschlüpft, den Künstler und auch vielleicht das unsichtbar wirkende Wesen in üblen Humor versetzt, welchen letzteres auch durch eine Menge schaler, nichts bedeutender Antworten an den Tag gelegt. »Ich muß gestehen«, fuhr Ludwig fort, »daß die Figur gleich beim Eintreten mich lebhaft an einen überaus zierlichen künstlichen Nußknacker erinnerte, den mir einst, als ich noch ein kleiner Knabe war, ein Vetter zum Weihnachten verehrte. Der kleine Mann hatte ein überaus ernsthaft komisches Gesicht und verdrehte jedesmal mittelst einer innern Vorrichtung die großen aus dem Kopfe herausstehenden Augen, wenn er eine harte Nuß knackte, was denn so etwas possierlich Lebendiges in die ganze Figur brachte, daß ich stundenlang damit spielen konnte, und der Zwerg mir unter den Händen zum wahren Alräunchen wurde. Alle noch so vollkommne Marionetten waren mir nachher steif und leblos gegen meinen herrlichen Nußknacker. Von den höchst wunderbaren Automaten im Danziger Arsenal war mir gar viel erzählt worden, und vorzüglich deshalb unterließ ich nicht hineinzugehen, als ich mich gerade vor einigen Jahren in Danzig befand. Bald nachdem ich in den Saal getreten, schritt ein altdeutscher Soldat keck auf mich los und feuerte seine Büchse ab, daß es durch die weiten Gewölbe recht derb knallte – noch mehrere Spielereien der Art, die ich in der Tat wieder vergessen, überraschten hin und wieder, aber endlich führte man mich in den Saal in welchem der Gott des Krieges, der furchtbare Mavors, sich mit seiner ganzen Hofhaltung befand. – Mars selbst saß in ziemlich grotesker Kleidung auf einem mit Wagen aller Art geschmückten Thron, von Trabanten und Kriegern umgeben. Sobald wir vor den Thron getreten, fingen ein paar Trommelschläger an, auf ihren Trommeln zu wirbeln, und Pfeifer bliesen dazu ganz erschrecklich, daß man sich vor dem kakophonischen Getöse hätte die Ohren zuhalten mögen. Ich bemerkte, daß der Gott des Krieges eine durchaus schlechte, seiner Majestät unwürdige Kapelle habe, und man gab mir recht. – Endlich hörte das Trommeln und Pfeifen auf – da fingen an die Trabanten die Köpfe zu drehen und mit den Hellebarden zu stampfen, bis der Gott des Krieges, nachdem er auch mehrmals die Augen verdreht, von seinem Sitz aufsprang und keck auf uns zuschreiten zu wollen schien. Bald aber warf er sich wieder in seinen Thron, und es wurde noch etwas getrommelt und gepfiffen, bis alles wieder in die alte hölzerne Ruhe zurückkehrte. Als ich denn nun alle diese Automate geschaut, sagte ich im Herausgehen zu mir selbst: ›Mein Nußknacker war mir doch lieber‹, und jetzt, meine Herren! nachdem ich den weisen Türken geschaut, sage ich abermals: ›Mein Nußknacker war mir doch lieber!‹« – Man lachte sehr, meinte aber einstimmig, daß Ludwigs Ansicht von der Sache mehr lustig sei als wahr, denn abgesehen von dem seltenen Geist, der doch mehrenteils in den Antworten des Automats liege, sei doch auch die durchaus nicht zu entdeckende Verbindung des verborgenen Wesens mit dem Türken, das nicht allein durch ihn rede, sondern auch seine von den Fragen motivierte Bewegungen veranlassen müßte, höchst wunderbar und in jedem Fall ein Meisterwerk der Mechanik und Akustik.

Dies mußte nun wohl selbst Ludwig eingestehen, und man pries allgemein den fremden Künstler. Da stand ein ältlicher Mann, der in der Regel wenig sprach und sich auch dieses Mal noch gar nicht ins Gespräch gemischt hatte, vom Stuhl auf, wie er zu tun pflegte, wenn er auch endlich ein paar Worte, die aber jedesmal ganz zur Sache gehörten, anbringen wollte, und fing nach seiner höflichen Weise an: »Wollen Sie gütigst erlauben – ich bitte gehorsamst, meine Herren! – Sie rühmen mit Recht das seltene Kunstwerk, das nun schon so lange uns anzuziehen weiß; mit Unrecht nennen Sie aber den ordinären Mann, der es zeigt, den Künstler, da er an allem dem, was in der Tat an dem Werk vortrefflich ist, gar keinen Anteil hat, selbiges vielmehr von einem in allen Künsten der Art gar tief erfahrnen Mann herrührt, der sich stets und schon seit vielen Jahren in unsern Mauern befindet, und den wir alle kennen und höchlich verehren.« Man geriet in Erstaunen, man stürmte mit Fragen auf den Alten ein, der also fortfuhr: »Ich meine niemanden anders, als den Professor X. – Der Türke war schon zwei Tage hier, ohne daß jemand sonderlich Notiz von ihm genommen hätte, der Professor X. dagegen unterließ nicht, bald hinzugehen, da ihn alles, was nur Automat heißt, auf das höchste interessiert. Kaum hatte er aber von dem Türken ein paar Antworten erhalten, als er den Künstler beiseite zog, und ihm einige Worte ins Ohr sagte. Dieser erblaßte und verschloß das Zimmer, als es von den wenigen Neugierigen, die sich eingefunden, verlassen war; die Anschlagzettel verschwanden von den Straßenecken und man hörte nichts mehr von dem weisen Türken, bis nach vierzehn Tagen eine neue Ankündigung erschien, und man den Türken mit dem neuen schönen Haupte und die ganze Einrichtung, so wie sie jetzt als ein unauflösliches Rätsel besteht, wiederfand. Seit der Zeit sind auch die Antworten so geistreich und bedeutungsvoll. Daß aber dies alles das Werk des Professor X. ist, unterliegt gar keinem Zweifel, da der Künstler in der Zwischenzeit, als er sein Automat nicht zeigte, täglich bei ihm war, und auch, wie man gewiß weiß, der Professor mehrere Tage hintereinander sich in dem Zimmer des Hotels befand, wo die Figur aufgestellt und noch jetzt steht. Ihnen wird übrigens, meine Herren! doch bekannt sein, daß der Professor selbst sich in dem Besitz der herrlichsten, vorzüglich aber musikalischer Automate befindet, daß er seit langer Zeit mit dem Hofrat B –, mit dem er ununterbrochen über allerlei mechanische und auch wohl magische Künste korrespondiert, darin wetteifert, und daß es nur an ihm liegt, die Welt in das höchste Erstaunen zu setzen? Aber er arbeitet und schafft im

Verborgenen, wiewohl er jedem, der wahre Lust und wahres Belieben daran findet, seine seltenen Kunstwerke gar gern zeigt.«

Man wußte zwar, daß der Professor X., dessen Hauptwissenschaften Physik und Chemie waren, nächstdem sich auch gern mit mechanischen Kunstwerken beschäftigte, kein einziger von der Gesellschaft hatte aber seinen Einfluß auf den weisen Türken geahnet, und nur von Hörensagen kannte man das Kunstkabinett, von dem der Alte gesprochen. Ferdinand und Ludwig fühlten sich durch des Alten Bericht über den Professor X. und über sein Einwirken auf das fremde Automat gar seltsam angeregt.

»Ich kann dir's nicht verhehlen«, sagte Ferdinand, »mir dämmert eine Hoffnung auf, vielleicht die Spur des Geheimnisses zu finden, das mich jetzt so grauenvoll befängt, wenn ich dem Professor X. näher trete. Ja es ist möglich, daß die Ahnung des wunderbaren Zusammenhanges, in dem der Türke, oder vielmehr die versteckte Person, die ihn zum Organ ihrer Orakelsprüche braucht, mit meinem Ich steht, mich vielleicht tröstet und den Eindruck jener für mich schrecklichen Worte entkräftet. Ich bin entschlossen, unter dem Vorwande, seine Automate zu sehen, die nähere Bekanntschaft des mysteriösen Mannes zu machen, und da seine Kunstwerke, wie wir hörten, musikalisch sind, wird es für dich nicht ohne Interesse sein, mich zu begleiten.«

»Als wenn«, erwiderte Ludwig, »es nicht für mich genug wäre, daß ich in *deiner* Angelegenheit dir beistehen soll mit Rat und Tat! – Daß mir aber eben heute, als der Alte von der Einwirkung des Professors X. auf die Maschine sprach, ganz besondere Ideen durch den Kopf gegangen sind, kann ich nicht leugnen, wiewohl es möglich ist, daß ich das auf entlegenem Wege suche, was vielleicht uns ganz nahe liegt. – Ist es nämlich, um eben die Auflösung des Rätsels ganz nahe zu suchen, nicht denkbar, daß die unsichtbare Person wußte, daß du ein Bild auf der Brust trägst, und konnte nicht eine glückliche Kombination sie gerade wenigstens das scheinbar Richtige treffen lassen? Vielleicht rächte sie durch die unglückliche Weissagung sich an uns des Mutwillens wegen, in dem wir die Weisheit des Türken höhnten.«

»Keine menschliche Seele«, erwiderte Ferdinand, »hat, wie ich dir schon vorhin sagte, das Bildnis gesehen, niemanden habe ich jemals jenen auf mein ganzes Leben einwirkenden Vorfall erzählt – auf gewöhnliche Weise kann der Türke unmöglich von dem allen unterrichtet worden sein! – Vielleicht nähert sich das, was du auf entlegenem Wege suchst, weit mehr der Wahrheit!«

»So meine ich denn nun«, sagte Ludwig: »daß unser Automat, sosehr ich heute auch das Gegenteil zu behaupten schien, wirklich zu den merkwürdigsten Erscheinungen gehört, die man jemals sah, und alles beweiset, daß dem, der als Dirigent über dem ganzen Kunstwerke schwebt, tiefere Kenntnisse zu Gebote stehen, als die wohl glauben, welche nur so etwas leichtsinnig begaffen und sich über das Wunderbare nur wundern. Die Figur ist nichts weiter als die Form der Mitteilung, aber es ist nicht zu leugnen, daß diese Form geschickt gewählt ist, da das ganze Ansehen und auch die Bewegungen des Automats dazu geeignet sind, die Aufmerksamkeit zugunsten des Geheimnisses zu fesseln und vorzüglich den Fragenden auf gewisse Weise nach dem Zweck des antwortenden Wesens zu spannen. In der Figur kann kein menschliches Wesen stecken, das ist so gut als erwiesen, daß wir daher die Antworten aus dem Munde des Türken zu empfangen glauben, beruht sicherlich auf einer akustischen Täuschung; wie dies bewerkstelligt ist, wie die Person, welche antwortet, in den Stand gesetzt wird, die Fragenden zu sehen, zu vernehmen und sich ihnen wieder verständlich zu machen, ist und bleibt mir freilich ein Rätsel; allein es setzt nur gute akustische und mechanische Kenntnisse und einen vorzüglichen Scharfsinn oder auch vielleicht besser gesagt eine konsequente Schlauheit des Künstlers voraus, der kein Mittel unbeachtet ließ, uns zu täuschen, und ich muß gestehen, daß mich die Auflösung *dieses* Geheimnisses weniger interessiert, als es von dem nur allein höchst merkwürdigen Umstande überwogen wird, daß der Türke oft die Seele des Fragenden zu durchschauen, ja, wie du schon, noch ehe es dir selbst bewiesen wurde, bemerktest, in die tiefste Tiefe des Gemüts zu dringen scheint. Wie wenn es dem antwortenden Wesen möglich wäre, sich durch uns unbekannte Mittel einen psychischen Einfluß auf uns zu verschaffen, ja sich mit uns in einen solchen geistigen Rapport zu setzen, daß es unsere Gemütsstimmung, ja unser ganzes inneres Wesen in sich auffaßt, und so, wenn auch nicht das in uns ruhende Geheimnis deutlich ausspricht, doch wie in einer Ekstase, die eben der Rapport mit dem fremden geistigen Prinzip erzeugte, die Andeutungen alles dessen, was in unserer eigenen Brust ruht, wie es hell erleuchtet dem Auge des Geistes offenbar wird, hervorruft. Es ist die psychische Macht, die die Saiten in unserm Innern, welche sonst nur durcheinander rauschten, anschlägt, daß sie vibrieren und ertönen und wir den reinen Akkord deutlich vernehmen; so sind wir aber es selbst, die wir uns die Antworten erteilen, indem wir die innere Stimme, durch ein fremdes geistiges Prinzip geweckt, außer uns verständlicher vernehmen und verworrene Ahndungen, in Form und Weise des Gedankens festgebannt, nun zu deutlichen Sprüchen werden; so wie uns oft im Traum eine fremde Stimme über Dinge belehrt, die wir gar nicht wußten oder über die wir wenigstens in Zweifel waren, unerachtet die Stimme, welche uns fremdes Wissen zuzuführen scheint, doch nur aus unserm eignen Innern kommt und sich in verständlichen Worten ausspricht. – Daß der Türke, worunter ich natürlich jenes versteckte geistige Wesen verstehe, sehr selten nötig haben wird, sich mit dem Fragenden in jenen psychischen Rapport zu setzen, versteht sich wohl von selbst. Hundert Fragende werden ebenso oberflächlich abgefertigt, als es ihre Individualität verdient, und oft genügt ein witziger Einfall, dem der natürliche Scharfsinn oder die geistige Lebendigkeit des antwortenden Wesens die treffende Spitze gibt, wo von irgend einer Tiefe, in der die Frage aufzufassen ist, nicht die Rede sein kann. Irgend eine exaltierte Gemütsstimmung des Fragenden wird den Türken augenblicklich auf ganz andere Weise ansprechen, und dann wendet er die Mittel an, die es ihm möglich machen, den psychischen Rapport hervorzubringen, der ihm die Macht gibt, aus dem tiefsten Innern des Fragenden selbst zu antworten. Die Weigerung des Türken, auf solche tief gestellte Fragen gleich zu antworten, ist vielleicht nur der Aufschub, den er sich gönnt, um für die Anwendung jener geheimnisvollen Mittel Momente zu gewinnen. Dies ist meine innige Herzensmeinung, und du siehst, daß mir das Kunstwerk nicht so verächtlich ist, als ich es euch heute glauben machen wollte – vielleicht nehme ich die Sache zu ernst! – Doch mochte ich dir nichts verhehlen, wiewohl ich einsehe, daß wenn du in meine Idee eingehst, ich dir gerade nichts zur innern Beruhigung gesagt habe!«

»Du irrst, mein geliebter Freund«, erwiderte Ferdinand: »gerade, daß deine Ideen ganz mit dem übereinstimmen, was mir gleich dunkel vor der Seele lag, beruhigte mich auf eine wunderbare Weise; ich habe es mit mir selbst allein zu tun, mein liebes Geheimnis blieb unentweiht, denn mein Freund wird es treulich bewahren; wie ein anvertrautes Heiligtum. Doch muß ich jetzt noch eines ganz besondern Umstandes erwähnen, dessen ich bisher noch nicht gedachte. Als der Türke die verhängnisvollen Worte sprach, war es mir, als hörte ich die tiefklagende Melodie: *Mio ben ricordati s'avvien ch'io mora* in einzeln abgebrochenen Lauten – und dann war es wieder als schwebe nur ein langgehaltener Ton der göttlichen Stimme, die ich in jener Nacht hörte, an mir vorüber.«

»So mag ich es dir auch nicht verschweigen«, sagte Ludwig: »daß ich, als du gerade die leise Antwort erhieltest, zufällig die Hand auf das Geländer, welches das Kunstwerk umschließt, gelegt hatte; es dröhnte fühlbar in meiner Hand und auch mir war es, als gleite ein musikalischer Ton, Gesang kann ich es nicht nennen, durchs Zimmer. Ich achtete nicht sonderlich darauf, weil, wie du weißt, immer meine ganze Phantasie von Musik erfüllt ist, und ich deshalb schon auf die wunderlichste Weise getäuscht worden bin; nicht wenig erstaunte ich aber im Innern, als ich den mysteriösen Zusammenhang jenes tiefklagenden Tons mit der verhängnisvollen Begebenheit in D., die deine Frage an den Türken veranlaßte, erfuhr.«

Ferdinand hielt es nur für einen Beweis des psychischen Rapports mit seinem geliebten Freunde, daß auch *dieser* den Ton gehört hatte, und als sie noch tiefer eingingen in die Geheimnisse der psychischen Beziehungen verwandter geistiger Prinzipe, als immer lebendiger wunderbare Resultate sich erzeugten, da war es ihm endlich, als sei die schwere Last, die seit jenem Augenblick, als er die Antwort erhalten, seine Brust gedrückt, ihm wieder entnommen; er fühlte sich ermutigt, jedem Verhängnis keck entgegenzutreten. »Kann ich sie denn verlieren«, sagte er, »sie, die ewig in meinem Innern waltet und so eine intensive Existenz behauptet, die nur mit meinem Sein untergeht?«

Voller Hoffnung, über manche jener Vermutungen, die für beide die größte innere Wahrheit hatten, näheren Aufschluß zu erhalten, gingen sie zum Professor X. Sie fanden an ihm einen hochbejahrten, altfränkisch gekleideten Mann muntern Ansehens, dessen kleine graue Augen unangenehm stechend blickten, und um dessen Mund ein sarkastisches Lächeln schwebte, das eben nicht anzog.

Als sie den Wunsch äußerten, seine Automate zu sehen, sagte er: »Ei! Sind Sie doch auch wohl Liebhaber von mechanischen Kunstwerken, vielleicht selbst Kunstdilettanten? Nun Sie finden bei mir, was Sie in ganz Europa, ja in der ganzen bekannten Welt vergebens suchen.« Des Professors Stimme hatte etwas höchst Widriges, es war ein hoher kreischender dissonierender Tenor, der gerade zu der marktschreierischen Art paßte, womit er seine Kunstwerke ankündigte. Er holte mit vielem Geräusch die Schlüssel und öffnete den geschmackvoll, ja prächtig verzierten Saal, in welchem die Kunstwerke sich befanden. In der Mitte stand auf einer Erhöhung ein großer Flügel, neben demselben rechts eine lebensgroße männliche Figur mit einer Flöte in der Hand, links saß eine weibliche Figur vor einem klavierähnlichen Instrumente, hinter derselben zwei Knaben mit einer großen Trommel und einem Triangel. Im Hintergrunde erblickten die Freunde das ihnen schon bekannte Orchestrion und rings an den Wänden umher mehrere Spieluhren. Der Professor ging nur flüchtig an dem Orchestrion und den Spieluhren vorüber, und berührte kaum merklich die Automate; dann setzte er sich aber an den Flügel und fing pianissimo ein marschmäßiges Andante an; bei der Reprise setzte der Flötenbläser die

Flöte an den Mund und spielte das Thema, nun paukte der Knabe richtig im Takte ganz leise auf der Trommel, indem der andere einen Triangel kaum hörbar berührte. Bald darauf fiel das Frauenzimmer mit vollgriffigen Akkorden ein, indem sie durch das Niederdrücken der Tasten einen harmonikaähnlichen Ton hervorbrachte! Aber nun wurde es immer reger und lebendiger im ganzen Saal, die Spieluhren fielen nacheinander mit der größten rhythmischen Genauigkeit ein, der Knabe schlug immer stärker seine Trommel, der Triangel gellte durch das Zimmer, und zuletzt trompetete und paukte das Orchestrion im Fortissimo dazu, daß alles zitterte und bebte, bis der Professor mit seinen Maschinen auf einen Schlag im Schlußakkord endete. Die Freunde zollten dem Professor den Beifall, den sein schlau und zufrieden lächelnder Blick zu begehren schien; er war im Begriff noch mehr musikalische Produktionen der Art vorzubereiten, indem er sich den Automaten näherte, aber die Freunde, als hätten sie sich vorher dazu verabredet, schützten einstimmig ein dringendes Geschäft vor, das ihnen nicht erlaube länger zu verweilen und verließen den Mechaniker und seine Maschinen. »Nun, war das nicht alles überaus künstlich und schön?« frug Ferdinand, aber Ludwig brach los wie im lange verhaltenen Zorn: »Ei daß den verdammten Professor der – ei, wie sind wir doch so bitter getäuscht worden! Wo sind die Aufschlüsse, nach denen wir trachteten, wie blieb es mit der lehrreichen Unterhaltung, in der uns der weise Professor erleuchten sollte, wie die Lehrlinge zu Sais?« »Dafür«, sagte Ferdinand, »haben wir aber in der Tat merkwürdige mechanische Kunstwerke gesehen; auch in musikalischer Hinsicht! Der Flötenbläser ist offenbar die berühmte Vaucansonsche Maschine, und derselbe Mechanismus rücksichtlich der Fingerbewegung auch bei der weiblichen Figur angewendet, die auf ihrem Instrumente recht wohllautende Töne hervorbringt: Die Verbindung der Maschinen ist wunderbar.« »Das alles ist es eben«, fiel Ludwig ein, »was mich ganz toll machte! Ich bin von all der Maschinenmusik, wozu ich auch des Professors Spiel auf dem Flügel rechne, ordentlich durchgewalkt und durchgeknetet, daß ich es in allen Gliedern fühle und lange nicht verwinden werde.

Schon die Verbindung des Menschen mit toten, das Menschliche in Bildung und Bewegung nachäffenden Figuren zu gleichem Tun und Treiben hat für mich etwas Drükkendes, Unheimliches, ja Entsetzliches. Ich kann mir es denken, daß es möglich sein müßte, Figuren vermöge eines im Innern verborgenen Getriebes gar künstlich und behende tanzen zu lassen, auch müßten diese mit Menschen gemeinschaftlich einen Tanz aufführen und sich in allerlei Touren wenden und drehen, so daß der lebendige Tänzer die tote hölzerne Tänzerin faßte und sich mit ihr schwenkte, würdest du den Anblick ohne inneres Grauen eine Minute lang ertragen? Aber vollends die Maschinenmusik ist für mich etwas Heilloses und Greuliches, und eine gute Strumpfmaschine übertrifft nach meiner Meinung an wahrem Wert himmelweit die vollkommenste prächtigste Spieluhr.

Ist es denn nur allein der aus dem Munde strömende Hauch, der dem Blasinstrumente, sind es nur allein die gelenkigen geschmeidigen Finger, die dem Saiteninstrumente Töne entlocken, welche uns mit mächtigen Zauber ergreifen, ja in uns die unbekannten unaussprechlichen Gefühle erregen, welche mit nichts Irdischem hienieden verwandt, die Ahndungen eines fernen Geisterreichs und unsers höhern Seins in demselben hervorrufen? Ist es nicht vielmehr das Gemüt, welches sich nur jener physischen Organe bedient, um das, was in seiner tiefsten Tiefe erklungen, in das rege Leben zu bringen, daß es andern vernehmbar ertönt und die gleichen Anklänge im Innern erweckt, welche dann im harmonischen Widerhall dem Geist das wundervolle Reich erschließen, aus dem jene Töne wie entzündende Strahlen hervordrangen? Durch Ventile, Springfedern, Hebel, Walzen und was noch alles zu dem mechanischen Apparat gehören mag, musikalisch wirken zu wollen, ist der unsinnige Versuch, die Mittel allein das vollbringen zu lassen, was sie nur durch die innere Kraft des Gemüts belebt und von derselben in ihrer geringsten Bewegung geregelt ausführen können. Der größte Vorwurf, den man dem Musiker macht, ist, daß er ohne Ausdruck spiele, da er dadurch eben dem eigentlichen Wesen der Musik schadet, oder vielmehr in der Musik die Musik vernichtet, und doch wird der geist- und empfindungsloseste Spieler noch immer mehr leisten als die vollkommenste Maschine, da es nicht denkbar ist, daß nicht irgend einmal eine augenblickliche Anregung aus dem Innern auf sein Spiel wirken sollte, welches natürlicherweise bei der Maschine nie der Fall sein kann.

Das Streben der Mechaniker, immer mehr und mehr die menschlichen Organe zum Hervorbringen musikalischer Töne nachzuahmen oder durch mechanische Mittel zu ersetzen, ist mir der erklärte Krieg gegen das geistige Prinzip, dessen Macht nur noch glänzender siegt, je mehr scheinbare Kräfte ihm entgegengesetzt werden; eben darum ist mir gerade die nach mechanischen Begriffen vollkommenste Maschine der Art eben die verächtlichste, und eine einfache Drehorgel, die im Mechanischen nur das Mechanische bezweckt, immer noch lieber als der Vaucansonsche Flötenbläser und die Harmonikaspielerin.«

»Ich muß dir ganz beistimmen«, sagte Ferdinand, »denn du hast nur in Worten deutlich ausgesprochen, was ich längst und vorzüglich heute bei dem Professor im Innern lebhaft gefühlt. Ohne so ganz in der Musik zu leben und zu weben wie du und ohne daher für alle Mißgriffe so gar empfindlich zu sein, ist mir doch das Tote, Starre der Maschinenmusik von jeher zuwider gewesen, und ich erinnre mich noch, daß schon als Kind in dem Hause meines Vaters mir eine große Harfenuhr, welche stündlich ihr Stückchen abspielte, ein recht quälendes Mißbehagen erregte. Es ist schade, daß recht geschickte Mechaniker ihre Kunst dieser widrigen Spielerei, und nicht vielmehr der Vervollkommnung der musikalischen Instrumente zuwenden.« »Das ist wahr«, erwiderte Ludwig: »vorzüglich rücksichtlich der Tasteninstrumente wäre noch manches zu tun, denn gerade diese öffnen dem geschickten Mechaniker ein weites Feld, und wirklich ist es zu bewundern, wie weit zum Beispiel der Flügel, in seiner Struktur, die auf Ton und Behandlungsart den entschiedensten Einfluß hat, vorgerückt ist.

Sollte es aber nicht die höhere musikalische Mechanik sein, welche die eigentümlichsten Laute der Natur belauscht, welche die in den heterogensten Körpern wohnende Töne erforscht und welche dann diese geheimnisvolle Musik in irgend ein Organon festzubannen strebt, das sich dem Willen des Menschen fügt und in seiner Berührung erklingt. Alle Versuche, aus metallenen, gläsernen Zylindern, Glasfäden, Glas, ja Marmorstreifen Töne zu ziehen oder Saiten auf ganz andere als die gewöhnliche Weise vibrieren und ertönen zu lassen, scheinen mir daher im höchsten Grade beachtenswert, und dem weitern Vorschreiten dieses Bestrebens in die tiefen akustischen Geheimnisse, wie sie überall in der Natur verborgen, zu dringen, steht es nur im Wege, daß jeder mangelhafte Versuch gleich der Ostentation oder des Geldgewinns wegen, als eine neue schon zur Vollkommenheit gediehene Erfindung angepriesen und vorgezeigt wird. Hierin liegt es, daß in kurzer Zeit so viele neue Instrumente zum Teil unter seltsamen oder prunkenden Namen entstanden und ebenso schnell wieder verschwunden und in Vergessenheit geraten sind.« »Deine höhere musikalische Mechanik«, sagte Ferdinand, »ist allerdings sehr interessant, wiewohl ich mir eigentlich nicht die Spitze oder das Ziel jener Bestrebungen denken kann.«

»Dies ist kein anderes«, erwiderte Ludwig, »als die Auffindung des vollkommensten Tons; ich halte aber den musikalischen Ton für desto vollkommner, je näher er den geheimnisvollen Lauten der Natur verwandt ist, die noch nicht ganz von der Erde gewichen.« »Mag es sein«, sagte Ferdinand, »daß ich nicht so wie du in diese Geheimnisse eingedrungen, aber ich gestehe, daß ich dich nicht ganz fasse.« »Laß mich es wenigstens andeuten«, fuhr Ludwig fort, »wie mir das alles so in Sinn und Gedanken liegt.

In jener Urzeit des menschlichen Geschlechts, als es, um mich ganz der Worte eines geistreichen Schriftstellers zu bedienen (Schubert in den ›Ansichten von der Nachtseite der Naturwissenschaft‹), in der ersten heiligen Harmonie mit der Natur lebte, erfüllt von dem göttlichen Instinkt der Weissagung und Dichtkunst, als der Geist des Menschen nicht die Natur, sondern diese den Geist des Menschen erfaßte, und die Mutter das wunderbare Wesen, das sie geboren, noch aus der Tiefe ihres Daseins nährte, da umfing sie den Menschen wie im Wehen einer ewigen Begeisterung mit heiliger Musik, und wundervolle Laute verkündeten die Geheimnisse ihres ewigen Treibens. Ein Nachhall aus der geheimnisvollen Tiefe dieser Urzeit ist die herrliche Sage von der Sphärenmusik, welche mich schon als Knabe, als ich in ›Scipios Traum‹ zum erstenmal davon las, mit inbrünstiger Andacht erfüllte, so daß ich oft in stillen mondhellen Nächten lauschte, ob nicht im Säuseln des Windes jene wunderbaren Töne erklingen würden. Aber noch sind jene vernehmlichen Laute der Natur, wie ich schon vorhin sagte, nicht von der Erde gewichen, denn nichts anders ist jene Luftmusik oder Teufelsstimme auf Ceylon, deren eben jener Schriftsteller erwähnt, und die eine so tiefe Wirkung auf das menschliche Gemüt äußert, daß selbst die ruhigsten Beobachter sich eines tiefen Entsetzens, eines zerschneidenden Mitleids mit jenen den menschlichen Jammer so entsetzlich nachahmenden Naturtönen nicht erwehren können. Ja, ich habe selbst in früherer Zeit eine ganz ähnliche Naturerscheinung, und zwar in der Nähe des Kurischen Haffs in Ostpreußen erlebt. Es war im tiefen Herbst, als ich mich einige Zeit auf einem dort gelegenen Landgute aufhielt und in stillen Nächten bei mäßigem Winde deutlich lang gehaltene Töne hörte, die bald gleich einer tiefen gedämpften Orgelpfeife, bald gleich einer vibrierenden dumpfen Glocke erklangen. Oft konnte ich genau das tiefe *F* mit der anschlagenden Quinte *C* unterscheiden, oft erklang sogar die kleine Terz *Es*, so daß der schneidende Septimenakkord in den Tönen der tiefsten Klage meine Brust mit einer das Innerste durchdringenden Wehmut, ja mit Entsetzen erfüllte.

In dem unvermerkten Entstehen, Anschwellen und Verschweben jener Naturlaute liegt etwas, das unser Gemüt unwiderstehlich ergreift, und das Instrument, dem dies zu Gebote steht, wird in eben dem Grade auf uns wirken müssen; mir scheint daher, daß die Harmonika rücksichtlich des Tons sich gewiß jener Vollkommenheit, die ihren Maßstab in der Wirkung auf unser Gemüt findet, am mehrsten nähert, und es ist eben schön, daß gerade dieses Instrument, welches jene Naturlaute so glücklich nachahmt und auf unser Inneres in den tiefsten Beziehungen so wunderbar wirkt, sich dem Leichtsinn und der schalen Ostentation durchaus nicht hingibt, sondern nur in der heiligen Einfachheit ihr eigentümliches Wesen behauptet. Recht viel in dieser Hinsicht wird auch gewiß das neu erfundene sogenannte Harmonichord leisten, welches statt der Glocken, mittelst einer geheimen Mechanik, die durch den Druck der Tasten und den Umschwung einer Walze in Bewegung gesetzt wird, Saiten vibrieren und ertönen läßt. Der Spieler hat das Entstehen, Anschwellen, Verschweben des Tons beinahe noch mehr in der Gewalt, als bei der Harmonika, und nur den wie aus einer andern Welt herabgekommenen Ton dieses Instruments hat das Harmonichord noch nicht im mindesten erreicht.« »Ich habe dies Instrument gehört«, sagte Ferdinand, »und muß gestehen, daß sein Ton recht in mein Inneres gedrungen, wiewohl es, nach meiner Einsicht, von dem Künstler selbst nicht eben vorteilhaft behandelt wurde. Übrigens fasse ich dich ganz, wiewohl mir die enge Beziehung jener Naturlaute, von denen du sprichst, mit der Musik, die wir durch Instrumente hervorbringen, noch nicht deutlich einleuchtet.« »Kann denn«, erwiderte Ludwig, »die Musik, die in unserm Innern wohnt, eine andere sein als die, welche in der Natur wie ein tiefes, nur dem höhern Sinn erforschliches Geheimnis verborgen, und die durch das Organ der Instrumente nur wie im Zwange eines mächtigen Zaubers, dessen wir Herr worden, ertönt? Aber im reinpsychischen Wirken des Geistes, im Traume ist der Bann gelöst, und wir hören selbst im Konzert bekannter Instrumente jene Naturlaute, wie sie wunderbar, in der Luft erzeugt, auf uns niederschweben, anschwellen und verhallen.« »Ich denke an die Äolsharfe«, unterbrach Ferdinand den Freund; »was hältst du von dieser sinnigen Erfindung?« »Die Versuche«, erwiderte Ludwig, »der Natur Töne zu entlocken, sind allerdings herrlich und höchst beachtenswert, nur scheint es mir, daß man ihr bis jetzt nur ein kleinliches Spielzeug darbot, das sie mehrenteils wie in gerechtem Unmute zerbrach. Viel größer in der Idee, als alle die Äolsharfen, die nur als musikalische Ableiter der Zugluft zum kindischen Spielwerk geworden, ist die Wetterharfe, von der ich einmal gelesen. Dicke in beträchtlicher Weite im Freien ausgespannte Drähte wurden von der Luft in Vibration gesetzt und ertönten in mächtigem Klange.

Überhaupt bleibt hier dem sinnigen, von höherem Geiste beseelten Physiker und Mechaniker noch ein weites Feld offen, und ich glaube, daß bei dem Schwunge, den die Naturwissenschaft erhalten, auch tieferes Forschen in das heilige Geheimnis der Natur eindringen, und manches, was nur noch geahnet, in das rege Leben sichtlich und vernehmbar bringen wird.«

Plötzlich wehte ein seltsamer Klang durch die Luft, der im stärkern Anschwellen dem Ton einer Harmonika ähnlich wurde. Die Freunde blieben von innerm Schauer ergriffen, wie an den Boden festgebannt, stehen; da wurde der Ton zur tiefklagenden Melodie einer weiblichen Stimme. Ferdinand ergriff des Freundes Hand und drückte sie krampfhaft an seine Brust, aber leise und bebend sprach Ludwig: *»Mio ben ricordati s'avvien ch'io mora.«* Sie befanden sich außerhalb der Stadt, vor dem Eingange eines mit hohen Hecken und Bäumen umschlossenen Gartens; dicht vor ihnen hatte unbemerkt ein kleines niedliches Mädchen, im Grase sitzend, gespielt, das sprang nun schnell auf und sprach: »Ach wie schön singt Schwesterchen wieder, ich muß ihr nur eine Blume bringen, denn ich weiß schon, wenn sie die bunten Nelken sieht, dann singt sie noch schöner und länger.« Und damit hüpfte sie, einen großen Blumenstrauß in der Hand, in den Garten, dessen Türe offen stehen blieb, so daß die

Freunde hineinschauen konnten. Aber welch ein Erstaunen, ja welch ein inneres Grausen durchdrang sie, als sie den Professor X. erblickten, der mitten im Garten unter einer hohen Esche stand. Statt des zurückschreckenden ironischen Lächelns, mit dem er die Freunde in seinem Hause empfing, ruhte ein tiefer melancholischer Ernst auf seinem Gesicht, und sein himmelwärts gerichteter Blick schien wie in seliger Verklärung das geahnete Jenseits zu schauen, was hinter den Wolken verborgen und von dem die wunderbaren Klänge Kunde gaben, welche wie ein Hauch des Windes durch die Luft bebten. Er schritt langsam und abgemessen den Mittelgang auf und nieder, aber in seiner Bewegung wurde alles um ihn her rege und lebendig, und überall flimmerten kristallne Klänge aus den dunklen Büschen und Bäumen empor und strömten, vereinigt im wundervollen Konzert wie Feuerflammen durch die Luft, ins Innerste des Gemüts eindringend und es zur höchsten Wonne himmlischer Ahndungen entzündend. Die Dämmerung war eingebrochen, der Professor verschwand in den Hecken, und die Töne erstarben im Pianissimo. Endlich gingen die Freunde im tiefen Schweigen nach der Stadt zurück; aber als Ludwig sich nun von dem Freunde trennen wollte, da drückte ihn Ferdinand fest an sich und sprach: »Sei mir treu! – Sei mir treu! – Ach ich fühle es ja, daß eine fremde Macht in mein Inneres gedrungen, und alle die im Verborgenen liegenden Saiten ergriffen hat, die nun nach ihrer Willkür erklingen müssen, und sollte ich darüber zugrunde gehen!

War denn nicht die gehässige Ironie, womit uns der Professor in seinem Hause empfing, nur der Ausdruck des feindlichen Prinzips, und hat er uns mit seinen Automaten nicht nur abfertigen wollen, um alle nähere Beziehung mit mir im extensiven Leben von der Hand zu weisen?« – »Du kannst wohl recht haben«, erwiderte Ludwig, »denn auch ich ahne es deutlich, daß auf irgend eine Weise, die uns nun freilich wenigstens jetzt ein unauflösliches Rätsel bleibt, der Professor in dein Leben, oder besser gesagt, in das geheimnisvolle psychische Verhältnis, in dem du mit jenem unbekannten weiblichen Wesen stehst, eingreift. Vielleicht verstärkt er selbst wider seinen Willen, als feindliches Prinzip darin verflochten und dagegen ankämpfend, den Rapport, dessen Kraft eben im Kampfe wächst, und es wäre denkbar, daß ihm dein Nähertreten schon deshalb verhaßt sein müßte, weil dein geistiges Prinzip dann wider seinen Willen, oder vielmehr irgend einer konventionellen Absicht entgegen, alle die Anklänge jenes psychischen Rapports weckt und in neuen lebhafteren Schwung setzt.« – Die Freunde beschlossen nun, kein Mittel unversucht zu lassen, dem Professor X. näherzutreten und vielleicht endlich das Rätsel zu lösen, das so tief auf Ferdinands Leben wirkte; schon am folgenden Morgen sollte ein zweiter Besuch bei dem Professor das Fernere einleiten, ein Brief, den Ferdinand unvermutet von seinem Vater erhielt, rief ihn aber nach B., er durfte sich nicht den mindesten Aufschub verstatten, und in wenigen Stunden eilte er schon mit Postpferden von dannen, indem er seinem Freunde versicherte, daß ihn nichts abhalten würde, spätestens in vierzehn Tagen wieder in J. zu sein. Merkwürdig war es Ludwigen im höchsten Grade, daß er bald nach Ferdinands Abreise von demselben ältlichen Mann, der zuerst von des Professors X. Einwirkung auf den Türken gesprochen, nun erfuhr, wie des Professors mechanische Kunstwerke nur aus einer untergeordneten Liebhaberei hervorgegangen, und daß tiefes Forschen, tiefes Eindringen in alle Teile der Naturwissenschaft eigentlich der unausgesetzte Zweck alles seines Strebens sei. Vorzüglich rühmte der Mann die Erfindungen des Professors in der Musik, die er aber bis jetzt niemanden mitteile. Sein geheimnisvolles Laboratorium sei ein schöner Garten bei der Stadt, und oft hätten schon Vorübergehende seltsame Klänge und Melodien ertönen gehört, als sei der Garten von Feen und Geistern bewohnt.

Vierzehn Tage vergingen, aber Ferdinand kehrte nicht wieder, endlich nach zwei Monaten erhielt Ludwig einen Brief aus B. des Inhalts:

Lies und erstaune, aber erfahre nur das, was du vielleicht ahntest, nachdem du dem Professor, wie ich hoffe, nähergetreten. Im Dorfe P. werden Pferde gewechselt, ich stehe und schaue recht gedankenlos in die Gegend hinein.

Da fährt ein Wagen vorbei und hält vor der nahen offnen Kirche; ein einfach gekleidetes Frauenzimmer steigt aus, ihr folgt ein junger schöner Mann in russischer Jägeruniform mit Orden geschmückt; zwei Männer steigen aus einem zweiten Wagen. Der Posthalter sagt: »Das ist das fremde Paar, das unser Hr. Pastor heut traut.« Mechanisch gehe ich in die Kirche und trete ein, als der Geistliche gerade mit dem Segen die Zeremonie endigt. Ich schaue hin, die Braut ist die Sängerin, sie erblickt mich, sie erblaßt, sie sinkt, der hinter ihr stehende Mann fängt sie auf in seine Arme, es ist der Professor X. – Was weiter vorgegangen, weiß ich nicht mehr, auch nicht, wie ich hieher gekommen, du wirst es wohl vom Professor X. erfahren. Jetzt ist eine nie gefühlte Ruhe und Heiterkeit in meine Seele gekommen. Der verhängnisvolle Spruch des Türken war eine verdammte Lüge, erzeugt vom blinden Hintappen mit ungeschickten Fühlhörnern. Habe ich sie denn verloren? ist sie nicht im innern glühenden Leben ewig mein? Du wirst lange nicht von mir hören, denn ich gehe nach K., vielleicht auch in den tiefen Norden nach P.

Ludwig ersah aus seines Freundes Worten nur zu deutlich seinen zerrütteten Seelenzustand, und um so rätselhafter wurde ihm das Ganze, als er erfuhr, daß der Professor X. durchaus die Stadt nicht verlassen habe. Wie, dachte er, wenn es nur die Resultate des Konflikts wunderbarer psychischer Beziehungen, die vielleicht unter mehreren Personen stattfanden, wären, die in das Leben traten und selbst äußere von ihnen unabhängige Begebenheiten so in ihren Kreis zogen, daß sie der getäuschte innere Sinn für eine aus ihm unbedingt hervorgehende Erscheinung hielt und daran glaubte? – Doch vielleicht tritt künftig die frohe Ahnung ins Leben, die ich in meinem Innern trage, und die meinen Freund trösten soll! Der verhängnisvolle Spruch des Türken ist erfüllt, und vielleicht gerade durch diese Erfüllung der vernichtende Stoß abgewendet, der meinem Freunde drohte.

61,5
64,8
68,3
71,9
75,7
79,6
83,7
NH2
N
CH
HC
N
H
NH2
N
CH
HO—C
CH
N
HO—C
N
OH
C
N
CH
H2N—C
N
H
Ω

18,6
17,7
16,8
16,0
15,3
14,6
13,9
13,2
12,6
12,0
26,6
25,2
23,9
22,7
21,6
20,5

56,5
59,5
62,5
65,5
68,5
71,9
75,8
WS
H2
848

»Zieh deiner Augen Fransenvorhang auf, und hör mich freundlich an!«

Der Magnetiseur

Eine Familienbegebenheit

Träume sind Schäume

»Träume sind Schäume«, sagte der alte Baron, indem er die Hand nach der Klingelschnur ausstreckte, um den alten Kaspar herbeizurufen, der ihm ins Zimmer leuchten sollte; denn es war spät geworden, ein kalter Herbstwind strich durch den übel verwahrten Sommersaal, und Maria, in ihren Shawl fest eingewickelt, schien mit halbgeschlossenen Augen sich des Einschlummerns nicht mehr erwehren zu können. – »Und doch«, fuhr er fort, die Hand wieder zurückziehend, und aus dem Lehnstuhl vorgebeugt beide Arme auf die Kniee stützend – »und doch erinnere ich mich manches merkwürdigen Traumes aus meiner Jugendzeit!« – »Ach, bester Vater«, fiel Ottmar ein, »welcher Traum ist denn *nicht* merkwürdig, aber nur die, welche irgend eine auffallende Erscheinung verkündigen – mit Schillers Worten: die Geister, die den großen Geschicken voranschreiten –, die uns gleich mit Gewalt in das dunkle geheimnisvolle Reich stoßen, dem sich unser befangener Blick nur mit Mühe erschließt, nur die ergreifen uns mit einer Macht, deren Einwirkung wir nicht ableugnen können.«

»Träume sind Schäume«, wiederholte der Baron mit dumpfer Stimme, »und selbst in diesem Weidspruch der Materialisten, die das Wunderbarste ganz natürlich, das Natürlichste aber oft abgeschmackt und unglaublich finden«, erwiderte Ottmar, »liegt eine treffende Allegorie.« – »Was wirst du in dem alten verbrauchten Sprichwort wieder Sinniges finden?« fragte gähnend Maria. – Lachend erwiderte Ottmar mit Prosperos Worten: »Zieh deiner Augen Fransenvorhang auf, und hör mich freundlich an! – Im Ernst, liebe Maria, wärst du weniger schläfrig, so würdest du selbst schon geahnet haben, daß, da von einer über alle Maßen herrlichen Erscheinung im menschlichen Leben, nämlich vom Traume die Rede ist, ich mir bei der Zusammenstellung mit *Schaum* auch nur den edelsten denken kann, den es gibt. – Und das ist denn doch offenbar der Schaum des gärenden, zischenden, brausenden Champagners, den du abzunippen auch nicht verschmähst, unerachtet du sonst recht jüngferlich und zünferlich allen Rebensaft schnöde verachtest. Sieh die tausend kleinen Bläschen, die perlend im Glase aufsteigen und oben im Schaume sprudeln, das sind die Geister, die sich ungeduldig von der irdischen Fessel loslösen; und so lebt und webt im Schaum das höhere geistige Prinzip, das, frei von dem Drange des Materiellen frisch die Fittige regend, in dem fernen, uns allen verheißenen himmlischen Reiche sich zu dem verwandten höheren Geistigen freudig gesellt, und alle wundervollen Erscheinungen in ihrer tiefsten Bedeutung wie das Bekannteste aufnimmt und erkennt. Es mag daher auch der Traum von *dem* Schaum, in welchem unsere Lebensgeister, wenn der Schlaf unser extensives Leben befängt, froh und frei aufsprudeln, erzeugt werden und ein höheres intensives Leben beginnen, in dem wir alle Erscheinungen der uns fernen Geisterwelt nicht nur ahnen, sondern wirklich erkennen, ja in dem wir über Raum und Zeit schweben.« – »Mich dünkt«, unterbrach ihn der alte Baron, wie sich von einer Erinnerung, in die er versunken, gewaltsam losreißend, »ich höre deinen Freund Alban sprechen. Ihr kennt mich als euern unzubekehrenden Gegner; so ist das alles, was du soeben gesagt, recht schön anzuhören, und gewisse empfindliche oder empfindelnde Seelen mögen sich daran ergötzen, allein schon der Einseitigkeit wegen unwahr. Nach dem, was du da von der Verbindung mit der Geisterwelt, und was weiß ich, schwärmtest, sollte man glauben, der Traum müsse den Menschen in den glückseligsten Zustand versetzen; aber alle die Träume, welche ich deshalb merkwürdig nenne, weil der Zufall ihnen eine gewisse Einwirkung in mein Leben gab – Zufall nenne ich nämlich ein gewisses Zusammentreffen an und für sich selbst fremdartiger Begebenheiten, die nun sich zu einer Totalerscheinung verbinden –, alle diese Träume, sage ich, waren unangenehm, ja qualvoll, daß ich oft darüber erkrankte, wiewohl ich mich alles Nachgrübelns darüber enthielt, da es damals noch nicht Mode war, auf alles, was die Natur weise uns fern gerückt hat, Jagd zu machen.« – »Sie wissen, bester Vater«, erwiderte Ottmar, »wie ich über das alles, was Sie Zufall, Zusammentreffen der Umstände und sonst nennen, mit meinem Freunde Alban denke. – Und was die Mode des Nachgrübelns betrifft, so mag mein guter Vater daran denken, daß diese Mode, als in der Natur des Menschen begründet, uralt ist. Die Lehrlinge zu Sais« – »Halt«, fuhr der Baron auf, »vertiefen wir uns weiter nicht in ein Gespräch, das ich heute um so mehr zu meiden Ursache habe, als ich mich gar nicht aufgelegt fühle, es mit deinem überbrausenden Enthusiasmus für das Wunderbare aufzunehmen. Nicht leugnen kann ich, daß mich gerade heute am neunten September eine Erinnerung aus meinen Jugendjahren befängt, die ich nicht loswerden kann, und sollte ich euch das Abenteuer erzählen, so würde Ottmar den Beweis darin finden, wie ein Traum, oder ein träumerischer Zustand, der sich auf eine ganz eigene Weise an die Wirklichkeit knüpfte, von dem feindlichsten Einfluß auf mich war.« – »Vielleicht, bester Vater«, sagte Ottmar, »geben Sie mir und meinem Alban einen herrlichen Beitrag zu den vielfachen Erfahrungen, die die jetzt aufgestellte Theorie des magnetischen Einflusses, die von der Untersuchung des Schlafs und des Träumens ausgeht, bestätigen.« – »Schon das Wort, magnetisch, macht mich erbeben«, zürnte der Baron; »aber jeder nach seiner Weise, und wohl euch, wenn die Natur es leidet, daß ihr mit täppischen Händen an ihrem Schleier zupft, und eure Neugierde nicht mit euerm Untergange bestraft.« – »Lassen Sie uns, bester Vater!« erwiderte Ottmar, »nicht über Dinge streiten, die aus der innersten Überzeugung hervorgehen; aber die Erinnerung aus Ihrer Jugendzeit, darf sich denn die nicht in Worten aussprechen?« – Der Baron setzte sich tief in den Lehnstuhl zurück, und indem er, wie er zu tun pflegte, wenn sein Innerstes angeregt wurde, den seelenvollen Blick in die Höhe richtete, fing er an:

»Ihr wißt, daß ich meine militärische Bildung auf der Ritterakademie in B. erhielt. Unter den dort angestellten Lehrern befand sich nun ein Mann, der mir ewig unvergeßlich bleiben wird; ja, ich kann noch jetzt an ihn nicht denken ohne innern Schauer, ohne Entsetzen, möcht ich sagen. Es ist mir oft, als würde er gespenstisch durch die Tür hineinschreiten. – Seine Riesengröße wurde noch auffallender durch die Hagerkeit seines Körpers, der nur aus Muskeln und Nerven zu bestehen schien; er mochte in jüngern Jahren ein schöner Mann gewesen sein, denn noch jetzt warfen seine großen schwarzen Augen einen brennenden Blick, den man kaum ertragen konnte; ein tiefer Funfziger, hatte er die Kraft und die Gewandtheit eines Jünglings; alle seine Bewegungen waren rasch und entschieden. Im Fechten auf Stoß und Hieb war er dem Geschicktesten überlegen, und das wildeste Pferd drückte er zusammen, daß es unter ihm ächzte. Er war ehemals Major in dänischen Diensten gewesen und hatte, wie man sagte, deshalb flüchten müssen, weil er seinen General im Duell erstochen. Manche behaupteten, dies sei nicht im Duell geschehen, sondern auf ein beleidigendes Wort vom General habe er, ehe dieser sich zur Wehr setzen konnte, ihm den Degen durch den Leib gerannt. Genug, er war aus Dänemark herübergeflüchtet, und mit dem Majorsrange bei der Ritterakademie zum höhern Unterricht in der Fortifikation angestellt. Im höchsten Grade jähzornig, konnte ihn ein Wort, ein Blick in Wut setzen, er bestrafte die Zöglinge mit ausgedachter Grausamkeit, und doch hing alles an ihm auf eine ganz unbegreifliche Weise. So hatte einmal die gegen alle Regel und Ordnung harte Behandlung eines Zöglings die Aufmerksamkeit der Obern erregt, und es wurde eine Untersuchung verfügt; aber gerade dieser Zögling klagte sich nur selbst an, und sprach so eifrig für den Major, daß er aller Schuld entbunden werden mußte. Bisweilen hatte er Tage, in denen er sich selbst nicht ähnlich war. Der sonst harte polternde Ton seiner tiefen Stimme hatte dann etwas unbeschreiblich Sonores, und von seinem Blick konnte man sich nicht losreißen. Gutmütig und weich übersah er jede kleine Ungeschicklichkeit, und wenn er diesem oder jenem, dem etwas besonders gelungen, die Hand drückte, so war es, als habe er ihn, wie durch eine unwiderstehliche Zauberkraft zu seinem Leibeignen gemacht, denn den augenblicklichen schmerzvollsten Tod hätte er gebieten können, und sein Wort wäre erfüllt worden. Auf solche Tage folgte aber gewöhnlich ein schrecklicher Sturm, vor dem jeder sich verbergen oder flüchten mußte. Dann zog er in aller Frühe seine rote dänische Staatsuniform an und lief mit Riesenschritten, gleichviel, war es Sommer oder Winter, in dem großen Garten, der sich an das Palais der Ritterakademie anschloß, rastlos den ganzen Tag umher. Man hörte ihn mit schrecklicher Stimme und mit den heftigsten Gestikulationen dänisch sprechen – er zog den Degen – er schien es mit einem fürchterlichen Gegner zu tun zu haben – er empfing – er parierte Stöße – endlich war durch einen wohlberechneten Stoß der Gegner gefallen, und unter den gräßlichsten Flüchen und Verwünschungen schien er den Leichnam mit den Füßen zu zermalmen. Nun flüchtete er mit unglaublicher Schnelle durch die Alleen, er erkletterte die höchsten Bäume und lachte dann höhnisch herab, daß uns, die wir es bis in das Zimmer hören konnten, das Blut in den Adern erstarrte. Gewöhnlich tobte er auf diese Art vierundzwanzig Stunden, und man bemerkte, daß er in der Tag- und Nachtgleiche jedesmal von diesem Paroxismus befallen wurde. Den Tag darauf schien er von allem, was er unternommen, auch nicht das mindeste zu ahnen, nur war er störrischer, jähzorniger, härter als je, bis er wieder in jene gutmütige Stimmung geriet. Ich weiß nicht, woher die wunderlichen, abenteuerlichen Gerüchte kamen, die von ihm unter den Dienstboten der Akademie und sogar in der Stadt unter dem gemeinen Volke verbreitet wurden. So hieß es von ihm, er könne das Feuer besprechen, und Krankheiten durch das Auflegen der Hände, ja durch den bloßen Blick heilen, und ich erinnere mich, daß er einmal Leute, die durchaus von ihm auf diese Art geheilt sein wollten, mit Stockschlägen verjagte. Ein alter Invalide, der zu meiner Aufwartung bestimmt war, äußerte ganz unverhohlen, daß man wohl wisse, wie es mit dem Herrn Major nicht natürlich zugehe, und daß vor vielen Jahren einmal im Sturm auf der See der böse Feind zu ihm getreten und ihm Rettung aus der Todesnot sowie übermenschliche Kraft, allerlei Wunderbares zu wirken, verheißen, welches er denn angenommen und sich dem Bösen ergeben habe; nun habe er oft harte Kämpfe mit dem Bösen zu bestehen, den man bald als schwarzer Hund, bald als ein anderes häßliches Tier im Garten umherlaufen sehe, aber über kurz oder lang werde der Major doch gewiß auf eine schreckliche Weise unterliegen müssen. So albern und abgeschmackt mir diese Erzählungen vorkamen, so konnte ich mich doch eines gewissen innern Schauers nicht erwehren, und unerachtet ich die ganz besondere Zuneigung, die der Major mir allein vor allen andern bewies, mit getreuer Anhänglichkeit erwiderte, so mischte sich doch in mein Gefühl für den sonderbaren Mann ein unbegreifliches Etwas, das mich unaufhörlich verfolgte und das ich mir selbst nicht erklären konnte. Es war, als würde ich von einem höhern Wesen gezwungen, treu an dem Mann zu halten, als würde der Augenblick des Aufhörens meiner Liebe auch der Augenblick des Unterganges sein. Erfüllte mich nun mein Beisammensein mit ihm auch mit einem gewissen Wohlbehagen, so war es doch wieder eine gewisse Angst, das Gefühl eines unwiderstehlichen Zwanges, das mich auf eine unnatürliche Art spannte, ja das mich innerlich erbeben machte. War ich lange bei ihm gewesen, ja hatte er mich besonders freundlich behandelt und mir, wie er dann zu tun pflegte, mit starr auf mich geheftetem Blick meine Hand in der seinigen festhaltend, allerlei Seltsames erzählt, so konnte mich jene ganz eigne wunderbare Stimmung bis zur höchsten Erschöpfung treiben. Ich fühlte mich krank und matt zum Umsinken. – Ich übergehe alle die sonderbaren Auftritte, die ich mit meinem Freunde und Gebieter hatte, wenn er sogar an meinen kindischen Spielen teilnahm, und fleißig an der unüberwindlichen Festung mit bauen half, die ich in dem Garten nach den strengsten Regeln der Befestigungskunst anlegte – ich komme zur Hauptsache. – Es war, wie ich mich genau erinnere, in der Nacht vom achten auf den neunten September im Jahr 17 –, als ich lebhaft, als geschähe es wirklich, träumte, der Major öffne leise meine Tür, käme langsam an mein Bett geschritten und lege, mich mit seinen hohlen schwarzen Augen auf furchtbare Weise anstarrend, die rechte Hand auf meine Stirn über die Augen, und doch könne ich ihn vor mir stehen sehn. – Ich ächzte vor Beklemmung und Entsetzen – da sprach er mit dumpfer Stimme: ›Armes Menschenkind, erkenne deinen Meister und Herrn! – Was krümmst und windest du dich in deiner Knechtschaft, die du vergebens abzuschütteln strebst? – Ich bin dein Gott, der dein Innerstes durchschaut, und alles, was du darin jemals verborgen hast oder verbergen willst, liegt hell und klar vor mir. Damit du aber nicht wagst, an meiner Macht über dich, du Erdenwurm, zu zweifeln, will ich auf eine dir selbst sichtbarliche Weise in die geheimste Werkstatt deiner Gedanken eindringen.‹ – Plötzlich sah ich ein spitzes glühendes Instrument in seiner Hand, mit dem er in mein Gehirn fuhr. Über den fürchterlichen Schrei des Entsetzens, den ich ausstieß, erwachte ich in Angstschweiß gebadet – ich war der Ohnmacht nahe. Endlich erholte ich mich, aber eine dumpfe schwüle Luft erfüllte das Zimmer, es war mir, als höre ich die Stimme des Majors, der, wie aus weiter Ferne, mich mehrmals bei dem Vornamen rief. Ich hielt dies für die Nachwirkung des gräßlichen Traums; ich sprang aus dem Bette, ich öffnete die Fenster, um die freie Luft hineinströmen zu lassen in das schwüle Zimmer. Aber welch ein Schreck ergriff mich, als ich in der mondhellen Nacht den Major in seiner Staatsuniform, ganz so wie er mir im Traum erschienen, durch die Hauptallee nach dem Gattertor, das aufs freie Feld führte, schreiten sah; er riß es auf, ging hindurch, warf die Flügel hinter sich zu, daß Riegel und Angel klirrend und rasselnd zusammensprangen und das Getöse weit in der stillen Nacht widerhallte. – Was war das, was will der Major in der Nacht draußen im Felde? dachte ich, und es überfiel mich eine unbeschreibliche Angst und Unruhe. Wie von unwiderstehlicher Gewalt getrieben, zog ich mich schnell an, weckte den guten Inspektor, einen frommen Greis von siebzig Jahren, den einzigen, den der Major selbst in seinem ärgsten Paroxismus scheute und schonte, und erzählte ihm meinen Traum sowie den Vorgang nachher. Der Alte wurde sehr aufmerksam und sagte: ›Auch ich habe das Gattertor stark zuwerfen gehört, es aber für Täuschung gehalten‹; auf jeden Fall möge wohl etwas Besonderes mit dem Major vorgegangen und deshalb es gut sein, in seinem Zimmer nachzusehen. Die Hausglocke weckte Zöglinge und Lehrer, und wir gingen mit Lichtern, wie in feierlicher Prozession, durch den langen Gang nach den Zimmern des Majors. Die Tür war verschlossen, und vergebliche Versuche, sie mit dem Hauptschlüssel zu öffnen, überzeugten uns, daß von innen der Riegel vorgeschoben war. Auch die Haupttür, durch die der Major hätte gehen müssen, um in den Garten zu kommen, war verschlossen und verriegelt, wie den Abend zuvor. Man erbrach endlich, als alles Rufen ohne Antwort blieb, die Tür des Schlafzimmers und – mit starrem gräßlichen Blick, blutigen Schaum vor dem Munde, lag der Major in seiner roten dänischen Staatsuniform, den Degen mit zusammengekrampfter Hand festhaltend, tot auf der Erde! – Alle Versuche, ihn wieder in das Leben zu bringen, blieben fruchtlos.« – Der Baron schwieg – Ottmar war im Begriff etwas zu sagen, doch unterließ er es und schien, die Hand an die Stirn gelegt, alles, was er vielleicht über die Erzählung äußern wollte, erst im Innern zu regeln und zu ordnen. Maria unterbrach das Stillschweigen, indem sie rief: »Ach, bester Vater! – welche schauerliche Begebenheit, ich sehe den fürchterlichen Major in seiner dänischen Uniform vor mir stehen, den Blick starr auf mich gerichtet; um meinen Schlaf in dieser Nacht ist es geschehen.« – Der Maler Franz Bickert, nun schon seit funfzehn Jahren im Hause des Barons als wahrer Hausfreund, hatte, wie er manchmal pflegte, bisher an dem Gespräch gar keinen Anteil genommen, sondern war mit über den Rücken zusammengeflochtenen Armen, allerlei skurrile Gesichter schneidend und wohl gar bisweilen einen possierlichen Sprung versuchend, auf und ab geschritten. Nun brach er los: »Die Baronesse hat ganz recht – wozu schauerliche Erzählungen, wozu abenteuerliche Begebenheiten gerade vor dem Schlafengehen? Das ist wenigstens ganz gegen meine Theorie vom Schlafen und Träumen, die sich auf die Kleinigkeit von ein paar Millionen Erfahrungen stützt. – Wenn der Herr Baron nur lauter Unglücksträume hatte, so war es bloß, weil er meine Theorie nicht kannte und also danach nicht verfahren konnte. Wenn Ottmar von magnetischen Einflüssen – Planetenwirkung und was weiß ich, spricht, so mag er nicht unrecht haben, aber meine Theorie schmiedet den Panzer, den kein Mondstrahl durchdringt.« – »Nun so bin ich denn wirklich auf deine vortreffliche Theorie begierig«, sagte Ottmar. »Laß den Franz nur reden«, fiel der Baron ein, »er wird uns bald von allem, was und wie er will, überzeugen.« Der Maler setzte sich Marien gegenüber, und indem er mit komischem Anstande und mit einem höchst skurrilen süßlichen Lächeln eine Prise nahm, fing er an:

»Geehrte Versammlung! Träume sind Schäume, das ist ein altes körnichtes, recht ehrlich deutsches Sprichwort, aber Ottmar hat es so fein gewendet, so subtilisiert, daß ich, indem er sprach, in meinem Haupte ordentlich die Bläschen fühlte, die aus dem Irdischen entwickelt aufstiegen, um sich mit dem höheren geistigen Prinzip zu vermählen. Aber ist es denn nicht wieder unser Geist, der den Hefen bereitet, aus dem jene subtileren Teile, die auch nur das Erzeugnis eines und desselben Prinzips sind, emporsteigen? – Findet unser Geist in sich selbst allein alle Elemente, alles Zubehör, woraus er, um in dem Gleichnis zu bleiben, jenen Hefen bereitet, oder kommt ihm außerhalb ihm Liegendes dabei zu Hülfe? frage ich ferner, und antworte schnell: Die ganze Natur mit allen ihren Erscheinungen steht ihm nicht sowohl bei, als sie selbst in Raum und Zeit die Werkstatt darbietet, in welcher er, sich ein freier Meister wähnend, nur als Arbeiter für ihre Zwecke schafft und wirkt. Wir stehen mit allen Außendingen, mit der ganzen Natur in solch enger psychischer und physischer Verbindung, daß das Loslösen davon, sollte es möglich sein, auch unsere Existenz vernichten würde. Unser sogenanntes intensives Leben wird von dem extensiven bedingt, es ist nur ein Reflex von diesem, in dem aber die Figuren und Bilder, wie in einem Hohlspiegel aufgefangen, sich oft in veränderten Verhältnissen und daher wunderlich und fremdartig darstellen, unerachtet auch wieder diese Karikaturen im Leben ihre Originale finden. Ich behaupte keck, daß niemals ein Mensch im Innern etwas gedacht oder geträumt hat, wozu sich nicht die Elemente in der Natur finden ließen; aus ihr heraus kann er nun einmal nicht. – Abgesehen von äußern unabwendbaren Eindrücken, die unser Gemüt aufregen und in eine unnatürliche Spannung versetzen, zum Beispiel plötzlicher Schreck – großes Herzeleid und so weiter, so meine ich, daß unser Geist, hält er sich bescheiden in den ihm angewiesenen Schranken, aus den angenehmsten Erscheinungen des Lebens bequem den Hefen bereiten kann, aus dem dann die Bläschen aufsteigen, die nach Ottmars Ausspruch den Schaum des Traums bilden. Ich, meinesteils, dessen gute Laune vorzüglich abends unverwüstlich ist, wie man mir einräumen wird, präpariere förmlich die Träume der Nacht, indem ich mir tausend närrische Dinge durch den Kopf laufen lasse, die mir dann nachts meine Phantasie in den lebendigsten Farben auf eine höchst ergötzliche Weise darstellt; am liebsten sind mir aber meine theatralischen Darstellungen.« – »Was meinst du damit?« fragte der Baron. – »Wir sind«, fuhr Bickert fort, »im Traum, wie schon ein geistreicher Schriftsteller bemerkt hat, die herrlichsten Schauspieldichter und Schauspieler, indem wir jeden außer uns liegenden Charakter mit allen seinen individuellsten Zügen richtig auffassen und mit der vollendetsten Wahrheit darstellen. Darauf baue ich denn, und denke so manchmal an die vielfachen komischen Abenteuer auf meinen Reisen, an manche komische Charaktere, mit denen ich lebte, und da gibt mir denn nachts meine Phantasie, indem sie diese Personen mit allen ihren närrischen Zügen und Albernheiten auftreten läßt, das ergötzlichste Schauspiel von der Welt. Es ist, als habe ich mir abends vorher nur den Canevas, die Skizze des Stücks gegeben, und im Traum würde dann alles mit Feuer und Leben nach des Dichters Willen improvisiert. Ich trage die ganze Sacchische Truppe in mir, die das Gozzische Märchen mit allen aus dem Leben gegriffenen Nuancen so lebendig darstellt, daß das Publikum, welches ich auch wieder selbst repräsentiere, daran als an etwas Wahrhaftiges glaubt. – Wie gesagt, von diesen gleichsam willkürlich erregten Träumen rechne ich jeden ab, den eine besondere durch äußere Zufälle herbeigeführte Gemütsstimmung, oder ein äußerer physischer Eindruck erzeugt. So werden alle diejenigen Träume, welche beinahe jeden bisweilen quälen, als da sind: vom Turm fallen, enthauptet werden und so weiter von irgend einem physischen Schmerz erzeugt, den der Geist, im Schlaf von dem animalischen Leben mehr getrennt und für sich allein arbeitend, nach seiner Weise deutet und ihm die phantastische Ursache gibt, die gerade in die Reihe seiner Vorstellungen paßt. Ich erinnere mich, im Traum in einer lustigen Punschgesellschaft gewesen zu sein; ein mir wohlbekannter Bramarbas von Offizier zog unaufhörlich einen Studenten auf, bis dieser ihm ein Glas ins Gesicht warf; nun entstand eine allgemeine Schlägerei, und ich, der ich Frieden stiften wollte, wurde hart an der Hand verwundet, so, daß der brennende Schmerz mich weckte – und siehe da! – meine Hand blutete wirklich, denn an einer starken in der Bettdecke verborgenen Nadel hatte ich sie aufgerissen.« – »Ei, Franz!« rief der Baron, »das war kein angenehmer Traum, den du dir bereitet.« – »Ach, ach!« sagte der Maler mit kläglicher Stimme, »wer kann dafür, was uns oft das Schicksal als Strafe auferlegt. Auch ich habe freilich schreckliche, qualvolle, entsetzliche Träume gehabt, die mir Angstschweiß auspreßten, die mich außer mich selbst setzten.« – »Heraus damit«, rief Ottmar, »und sollte es deine Theorie über den Haufen werfen.« – »Aber um des Himmels willen«, klagte Maria, »wollt ihr denn meiner gar nicht schonen?« – »Nein«, rief Franz, »nun keine Schonung mehr! – Auch ich habe das Entsetzliche geträumt, so gut wie einer. – War ich nicht bei der Prinzessin von Amaldasongi zum Tee eingeladen? hatte ich nicht den herrlichsten Tressenrock an mit gestickter Weste? sprach ich nicht das reinste Italienisch – lingua toscana in bocca romana –; war ich nicht verliebt in die herrliche Frau, wie es einem Künstler wohl ansteht? sagte ich ihr nicht die erhabensten, göttlichsten, poetischsten Dinge, als ein zufällig abwärts gerichteter Blick mich zu meinem Entsetzen wahrnehmen ließ, daß ich mich zwar auf das sorgfältigste hofmäßig eingekleidet, aber das Beinkleid vergessen hatte?« – Noch ehe jemand über die Unart zürnen konnte, fuhr Bickert in Begeisterung fort: »Gott! was soll ich noch von manchen Höllenqualen meiner Träume sagen! War ich nicht wieder in mein zwanzigstes Jahr zurückgegangen und wollte auf dem Ball mit den gnädigen Fräuleins sehr tanzen? hatte ich nicht mein letztes Geld daran gewandt, einem alten Rock durch schickliches Umkehren einige Neuheit geben zu lassen, und ein Paar weißseidene Strümpfe zu kaufen? – und als ich endlich glücklich vor der Tür des von tausend Lichtern und schön geputzten Menschen schimmernden Saals angekommen und mein Billet abgegeben, öffnete da nicht ein teuflischer Hund von Portier ein kleines Ofenloch, und sagte zum Erdrosseln höflich: ich möge doch nur gefälligst hineinspazieren, denn da müßte man durch, um in den Saal zu kommen? Aber alles dieses sind Kleinigkeiten gegen den gräßlichen Traum, der mich gestern nacht geängstiget und gefoltert hat. Ach! – ich war ein Bogen Kavalierpapier, ich saß recht in der Mitte als Wasserzeichen, und jemand – es war ja eigentlich ein weltbekannter Satan von Dichter, aber mag's bei jemand bleiben –, dieser Jemand hatte also eine unmenschlich lange, übel-zweispaltig-zahnicht geschnittene Truthahnsfeder und kratzte auf mir Armen herum, indem er diabolische holperichte Verse niederschrieb. Hat nicht ein anderer anatomischer Satan mich einmal zu seiner Lust, wie eine Gliederpuppe, auseinandergenommen, und nun allerlei teuflische Versuche angestellt? – Zum Beispiel wie es wohl aussehen würde, wenn mir aus dem Nakken ein Fuß wüchse oder der rechte Arm sich zum linken Bein gesellte?« – Der Baron und Ottmar unterbrachen den Maler durch ein schallendes Gelächter, die ernste Stimmung war verschwunden, und der Baron fing an: »Sag ich es denn nicht, daß in unserm kleinen Familienzirkel der alte Franz der wahrhafte Maître de plaisir ist? – Wie pathetisch fing er nicht seine Diskussion über unser Thema an, und um so herrlicher war die Wirkung des humoristischen Scherzes, den er zuletzt ganz unerwartet losbrannte, und der wie mit einer gewaltsamen Explosion unsern feierlichen Ernst zerstörte; mit einem Ruck waren wir aus der Geisterwelt heraus in das wirkliche, lebendige, frohe Leben.« – »Glaubt ja nicht«, erwiderte Bickert, »daß ich als euer Pagliasso Spaß gemacht habe, um euch aufzuheitern. Nein! jene abscheuligen Träume haben mich wirklich gequält, und es mag sein, daß ich sie mir unbewußt auch selbst bereitet habe.« – »Unser Franz«, fiel Ottmar ein, »hat rücksichts seiner Theorie des Entstehens der Träume manche Erfahrung für sich, indessen war sein Vortrag, was den Zusammenhang und die Folgerungen aus hypothetischen Prinzipien betrifft, eben nicht zu rühmen. Überdem gibt es eine höhere Art des Träumens, und nur *diese* hat der Mensch in dem gewissen beseelenden und beseligenden Schlafe, der ihm vergönnt, die Strahlen des Weltgeistes, dem er sich näher geschwungen, in sich zu ziehen, die ihn mit göttlicher Kraft nähren und stärken.« – »Gebt acht«, sagte der Baron, »Ottmar wird gleich wieder auf seinem Steckenpferde sitzen, um einen Ritt in das unbekannte Reich zu machen, welches wir Ungläubigen, wie er behauptet, nur von ferne, wie Moses das gelobte Land, erblicken können. Aber wir wollen es ihm schwer machen, uns zu verlassen – es ist eine recht unfreundliche Herbstnacht, wie wäre es, wenn wir noch ein Stündchen zusammenblieben, wenn wir Feuer in den Kamin legen ließen und Maria uns nach ihrer Art einen köstlichen Punsch bereitete, den wir vorderhand wenigstens als den Geist annehmen könnten, der unsere muntere Laune nährte und stärkte.« – Bickert schaute wie mit verklärtem Blick zum Himmel hinauf, stark seufzend, und neigte sich dann schnell in demütig bittender Stellung zu Marien herab. Maria, die solange ziemlich stumm und in sich gekehrt dagesessen, lachte, wie sie selten zu tun pflegte, recht herzlich über des alten Malers possierliche Stellung, und stand dann schnell auf, um alles nach des Barons Wünschen sorglich zu veranstalten. Bickert trippelte geschäftig hin und her, er half Kasparn das Holz herbeitragen, und indem er, auf einem Knie ruhend, in seitwärts gedrehter Stellung die Flamme anblies, rief er Ottmarn unaufhörlich zu, sich doch als sein gelehriger Schüler zu zeigen und schnell ihn als gute Studie zu zeichnen, mit genauer Beachtung des Feuereffekts und der schönen Reflexe, in denen jetzt sein Gesicht erglühe. Der alte Baron wurde immer heiterer und ließ sich sogar, welches nur in den gemütlichsten Stunden geschah, sein langes türkisches Rohr, dem ein seltener Bernstein zum Mundstück diente, reichen. – Als nun der feine flüchtige Duft des türkischen Tabaks durch den Saal zog, und Maria auf den Zucker, den sie selbst in Stücke zerschlagen, den Zitronensaft in den silbernen Punschnapf tröpfelte, war es allen, als ginge ihnen ein freundlicher heimatlicher Geist auf und das innere Wohlbehagen, das er erzeuge, müsse den Genuß des Augenblicks so anregen und beleben, daß alles *Vorher* und *Nachher* farblos und unbeachtet bliebe. – »Wie ist es doch so eigen«, fing der Baron an, »daß Marien die Bereitung des Punsches immer so wohl gerät, ich mag ihn kaum anders genießen. Ganz vergebens ist ihr genauester Unterricht über das Verhältnis der Bestandteile, und was weiß ich sonst. – So hatte einmal in meiner Gegenwart ganz nach Mariens Weise unsere launische Katinka den Punsch bereitet, aber ich habe kein Glas herunterbringen können; es ist, als ob Maria noch eine Zauberformel über den Trank spräche, die ihm eine besondere magische Kraft gäbe.«

– »Ist es denn anders?« rief Bickert, »es ist der Zauber der Zierlichkeit, der Anmut, mit dem Maria alles, was sie tut, belebt; schon das Bereiten*sehen* des Punsches macht ihn herrlich und schmackhaft.« – »Sehr galant«, fiel Ottmar ein, »aber mit deiner Erlaubnis, liebe Schwester! nicht ganz wahr. Ich stimme darin dem guten Vater bei, daß alles, was du bereitest, was durch deine Hände gegangen, auch mir bei dem Genuß, bei der Berührung ein inneres Wohlbehagen erregt. Den Zauber, der dies bewirkt, suche ich aber in tieferen geistigen Beziehungen, und nicht in deiner Schönheit und Anmut, wie Bickert, der natürlicherweise alles nur darauf bezieht, weil er dir den Hof gemacht hat schon seit deinem achten Jahr.« – »Was ihr nur noch heute aus mir machen werdet«, rief Maria mit heiterm Ton; »kaum habe ich die nächtlichen Phantasien und Erscheinungen überstanden, so findest du in mir selbst etwas Geheimnisvolles, und wenn ich auch weder an den fürchterlichen Major, noch sonst an irgend einen Doppeltgänger mehr denke, so laufe ich doch Gefahr, mir selbst gespenstisch zu werden und vor meinem eigenen Bilde im Spiegel zu erschrecken.« – »Das wäre denn doch arg«, sagte der Baron lachend, »wenn ein sechzehnjähriges Mädchen nicht mehr in den Spiegel sehen dürfte, ohne Gefahr ihr eigenes Bild für eine gespenstische Erscheinung zu halten. Aber wie kommt es, daß wir heute von dem phantastischen Zeuge nicht loskommen können?« – »Und daß«, erwiderte Ottmar, »Sie selbst, guter Vater, mir unwillkürlich jeden Augenblick Gelegenheit geben, mich über alle jene Dinge auszusprechen, die Sie als unnütze, ja sündliche Geheimniskrämerei geradehin verwerfen, und deshalb meinen guten Alban – gestehen Sie es nur – nicht recht leiden mögen. Den Forschungstrieb, den Drang zum Wissen, den die Natur selbst in uns legte, kann sie nicht strafen, und es scheint vielmehr, als ob, je nachdem er in uns tätig wirkt, wir desto fähiger würden, auf einer Stufenleiter, die sie uns selbst hingestellt hat, zum Höheren emporzuklimmen.« – »Und wenn wir uns recht hoch glauben«, fiel Bickert ein, »schändlich hinunterzupurzeln, und an dem Schwindel, der uns ergriff, zu bemerken, daß die subtile Luft in der obern Region für unsere schweren Köpfe nicht taugt.« – »Ich weiß nicht«, antwortete Ottmar, »was ich aus dir, Franz! seit einiger Zeit, ja ich möchte sagen, seitdem Alban im Hause ist, machen soll. Sonst hingst du mit ganzer Seele, mit dem ganzen Gemüte am Wunderbaren, du sannst über die farbigen Flecken, über die sonderbaren Figuren auf Schmetterlingsflügeln, auf Blumen, auf Steinen nach, du« – »Halt!« rief der Baron, »nicht lange dauert's, so sind wir in unser altes Kapitel geraten. Alles das, was du mit deinem mystischen Alban aus allen Winkeln, ja ich möchte sagen, gleichsam aus einer phantastischen Rumpelkammer zusammensuchst, um daraus ein künstliches Gebäude, dem jedes feste Fundament fehlt, aufzuführen, rechne ich zu den Träumen, die nach meinem Grundsatz Schäume sind und bleiben. Der Schaum, den das Getränk aufwirft, ist unhaltbar, geschmacklos, kurz, ebensowenig das höhere Resultat der innern Arbeit, als die Späne, welche dem Drechsler wegfliegen, die, hat der Zufall ihnen auch eine gewisse Form gegeben, man doch wohl nie für das Höhere halten wird, welches der Künstler bei seiner Arbeit bezweckte. Übrigens ist mir Bickerts Theorie so einleuchtend, daß ich mich ihrer praktisch zu bedienen suchen werde.« – »Da wir doch nun einmal von den Träumen nicht loskommen«, sagte Ottmar, »so sei es mir erlaubt, eine Begebenheit zu erzählen, die mir neulich Alban mitteilte und die uns alle in der gemütlichen Stimmung erhalten wird, in der wir uns jetzt befinden.« – »Nur unter der Bedingung«, erwiderte der Baron, »magst du erzählen: daß du von dem letztern überzeugt bist, und daß Bickert frei seine Anmerkungen dreinwerfen darf.« – »Sie sprechen mir aus der Seele, lieber Vater!« sagte Maria, »denn Albans Erzählungen sind gemeinhin, wenn auch nicht schrecklich und schauderhaft, doch auf eine solche seltsame Weise spannend, daß der Eindruck zwar in gewisser Art wohltätig ist, aber man sich doch erschöpft fühlt.« – »Meine gute Maria wird mit mir zufrieden sein«, erwiderte Ottmar, »und Bickerts Anmerkungen darf ich mir deshalb verbitten, weil er in meiner Erzählung eine Bestätigung seiner Theorie des Träumens zu finden glauben wird. Mein guter Vater soll sich aber überzeugen, wie unrecht er meinem guten Alban und der Kunst tut, welche auszuüben ihm Gott die Macht verliehen.« – »Ich werde«, sagte Bickert, »jede Anmerkung, die schon auf die Zunge gekommen, mit Punsch herabspülen, aber Gesichter schneiden muß ich frei können, soviel ich will, das lasse ich mir nicht nehmen.« – »Das sei dir vergönnt«, rief der Baron, und Ottmar fing nun ohne weitere Vorrede zu erzählen an:

»Meinem Alban wurde auf der Universität in J. ein Jüngling bekannt, dessen vorteilhaftes Äußere bei dem ersten Blick jeden einnahm und der daher überall mit Zutrauen und Wohlwollen empfangen wurde. Das gleiche Studium der Arzneikunde, und der Umstand, daß beide im regen Eifer für ihre Wissenschaft in einem Frühkollegium immer die ersten der sich Versammelnden waren und sich zu einander gesellten, führte bald ein näheres Verhältnis herbei, das endlich, da Theobald (so nannte Alban seinen Freund) mit ganzer Seele, mit dem treuesten Gemüt sich hingab, in die engste Freundschaft überging. Theobald entwickelte immer mehr einen überaus zarten, beinahe weiblich weichlichen Charakter und eine idyllische Schwärmerei, welche in der jetzigen

Zeit, die wie ein geharnischter Riese, nicht dessen achtend, was die donnernden Tritte zermalmen, vorüberschreitet, sich so kleinlich, so süßlich ausnahm, daß die mehrsten ihn darob verlachten. Nur Alban, seines Freundes zartes Gemüt schonend, verschmähte es nicht, ihm in seine kleinen phantastischen Blumengärten zu folgen, wiewohl er nicht unterließ, ihn dann auch oft wieder in die rauhen Stürme des wirklichen Lebens zurückzuführen, und so jeden Funken von Kraft und Mut, der vielleicht im Innern glimmte, zur Flamme zu entzünden. Alban glaubte um so mehr dies seinem Freunde schuldig zu sein, als er die Universitätsjahre für die einzige Zeit halten mußte, die dem Manne in jetziger Zeit so nötige Kraft, tapfern Widerstand zu leisten, da wo unvermutet, wie ein Blitz aus heitrer Luft, das Unglück einschlägt, in Theobald zu wecken und zu stärken. Theobalds Lebensplan war nämlich ganz nach seiner einfachen, nur die nächste Umgebung beachtenden Sinnesart zugeschnitten. Nach vollendeten Studien und erlangter Doktorwürde wollte er in seine Vaterstadt zurückkehren, dort die Tochter seines Vormundes, (er war elternlos), mit der er aufgewachsen, heiraten, und, im Besitz eines beträchtlichen Vermögens, ohne Praxis zu suchen, nur sich selbst und der Wissenschaft leben. Der wieder erweckte tierische Magnetismus sprach seine ganze Seele an, und indem er unter Albans Leitung eifrig alles, was je darüber geschrieben, studierte und selbst auf Erfahrungen ausging, wandte er sich bald, jedes physische Medium, als der tiefen Idee rein psychisch wirkender Naturkräfte zuwider, verwerfend, zu dem sogenannten Barbareiischen Magnetismus, oder der älteren Schule der Spiritualisten.« – Sowie Ottmar das Wort: Magnetismus, aussprach, zuckte es auf Bickerts Gesicht, erst leise, dann aber crescendo durch alle Muskeln, so daß zuletzt wie ein Fortissimo solch eine über alle Maßen tolle Fratze dem Baron ins Gesicht guckte, daß dieser im Begriff war, hell aufzulachen, als Bickert aufsprang und anfangen wollte zu dozieren; in dem Augenblick reichte ihm Ottmar ein Glas Punsch, das er in voller Bosheit hineinschluckte, während Ottmar in seiner Erzählung fortfuhr: »Alban war früher, und zwar als noch ganz in der Stille sich nur hie und da die Lehre von dem tierischen Magnetismus fortpflanzte, dem Mesmerismus mit Leib und Seele ergeben und verteidigte selbst die Herbeiführung der gewaltsamen Krisen, welche Theobald mit Abscheu erfüllten. Indem nun beide Freunde ihre verschiedenen Meinungen in dieser Materie zum Gegenstande mannigfacher Diskussionen machten, kam es, daß Alban, der manche von Theobald gemachte Erfahrung nicht leugnen konnte, und den Theobalds liebliche Schwärmerei von dem rein psychischen Einflusse unwillkürlich hinriß, sich auch mehr zum psychischen Magnetismus hinneigte, und zuletzt der neueren Schule, die wie die Puysegursche beide Arten verbindet, ganz anhing, ohne daß der sonst so leicht fremde Überzeugungen auffassende Theobald auch nur im mindesten von seinem System abwich, sondern beharrlich jedes physische Medium verwarf. Seine ganze Muße – und daher sein Leben wollte er dazu verwenden, soviel als möglich in die geheimnisvollen Tiefen der psychischen Einwirkungen zu dringen, und fortwährend seinen Geist fester und fester darauf fixierend, sich rein erhaltend von allem dem Widerstrebenden, ein würdiger Lehrling der Natur zu werden. In dieser Hinsicht sollte sein kontemplatives Leben eine Art Priestertum sein und ihn wie in immer höheren Weihen zum Betreten der innersten Gemächer in dem großen Isistempel heiligen. Alban, der von des Jünglings frommem Gemüte alles hoffte, bestärkte ihn in diesem Vorsatz, und als nun endlich Theobald seinen Zweck erreicht und in die Heimat zurückkehrte, war Albans letztes Wort: er solle treu bleiben dem, was er begonnen. – Bald darauf erhielt Alban von seinem Freunde einen Brief, dessen Mangel an Zusammenhang von der Verzweiflung, ja von der innern Zerrüttung zeugte, die ihn ergriffen. Sein ganzes Lebensglück, schrieb er, sei dahin; in den Krieg müsse er, denn dort wäre das Mädchen seiner Seele hingezogen aus stiller Heimat, und nur der Tod könne ihn von dem Elend, in dem er dahinschmachte, erlösen. Alban hatte nicht Ruh, nicht Rast; auf der Stelle reiste er zu seinem Freunde, und es gelang ihm nach mehreren vergeblichen Versuchen, den Unglücklichen wenigstens bis zu einem gewissen Grade zu beruhigen. – Bei dem Durchmarsch fremder Truppen, so erzählte die Mutter der Geliebten Theobalds, wurde ein italienischer Offizier in das Haus einquartiert, der sich bei dem ersten Blick auf das heftigste in das Mädchen verliebte und der, mit dem Feuer, das seiner Nation eigen, sie bestürmend, und dabei mit allem ausgestattet, was der Weiber Herz befängt, in wenigen Tagen ein solches Gefühl in ihr erweckte, daß der arme Theobald ganz vergessen war und sie nur in dem Italiener lebte und webte. Er mußte fort in den Krieg, und nun verfolgte das Bild des Geliebten, wie er in gräßlichen Kämpfen blute, wie er, zu Boden geworfen, sterbend ihren Namen rufe, unaufhörlich das arme Mädchen, so daß sie in eine wirkliche Verstandesverwirrung geriet und den unglücklichen Theobald, als er wiederkehrte und die frohe Braut in seine Arme zu schließen hoffte, gar nicht wiedererkannte. Kaum war es Alban gelungen, Theobald wieder ins Leben zurückzuführen, als er ihm das untrügliche Mittel vertraute, das er ersonnen, ihm die Geliebte wiederzugeben, und Theobald fand Albans Rat so aus seiner innersten Überzeugung entnommen, daß er keinen Augenblick an dem glücklichsten Erfolg zweifelte;

er gab sich allem gläubig hin, was der Freund als wahr erkannt hatte. – Ich weiß, Bickert!« (unterbrach sich hier Ottmar) »was du jetzt sagen willst, ich fühle deine Pein, es ergötzt mich die komische Verzweiflung, in der du jetzt das Glas Punsch ergreifst, das dir Maria so freundlich reicht. Aber schweige, ich bitte dich – dein sauersüßes Lächeln ist die schönste Anmerkung, viel besser als jedes Wort, jede Redensart, die du nur ersinnen könntest, um mir allen Effekt zu verderben. Aber was ich euch zu sagen habe, ist so herrlich und so wohltuend, daß du selbst zum gemütvollsten Anteil bekehrt werden wirst. Also merk auf, und Sie, bester Vater! werden mir auch eingestehen, daß ich mein Wort im ganzen Umfange erfülle.« Der Baron ließ es bei einem: hm, hm, bewenden, und Maria schaute Ottmarn mit klarem Blick ins Auge, indem sie gar lieblich das Köpfchen auf die Hand stützte, so daß die blonden Locken in üppiger Fülle über den Arm wallten. – »Waren des Mädchens Tage«, fuhr Ottmar in seiner Erzählung fort, »qualvoll und schrecklich, so waren die Nächte geradezu verderbend. Alle schrecklichen Bilder, die sie tagsüber verfolgten, traten dann mit verstärkter Kraft hervor. Mit herzzerschneidendem Ton rief sie den Namen ihres Geliebten, und in halberstickten Seufzern schien sie bei seinem blutigen Leichnam die Seele auszuatmen. Wenn nun eben nächtlich die schrecklichsten Träume das arme Mädchen ängsteten, führte die Mutter Theobald an ihr Bett. Er setzte sich daneben hin, und den Geist mit der ganzen Kraft des Willens auf sie fixierend, schaute er sie mit festem Blicke an. Nachdem er dies einige Mal wiederholt, schien der Eindruck ihrer Träume schwächer zu werden, denn der Ton, mit dem sie sonst den Namen des Offiziers gewaltsam hervorschrie, hatte nicht mehr das die ganze Seele Durchdringende, und tiefe Seufzer machten der gepreßten Brust Luft.

– Nun legte Theobald auf ihre Hand die seinige, und nannte leise, ganz leise seinen Namen. Bald zeigte sich die Wirkung. Sie nannte nun den Namen des Offiziers abgebrochen, es war, als müßte sie sich auf jede Silbe, auf jeden Buchstaben besinnen, als dränge sich etwas Fremdes in die Reihe ihrer Vorstellungen. – Bald darauf sprach sie gar nicht mehr, nur eine Bewegung der Lippen zeigte, daß sie sprechen wollte und wie durch irgend eine äußere Einwirkung daran verhindert würde. Dies hatte wieder einige Nächte hindurch gedauert; nun fing Theobald an, ihre Hand in der seinigen festhaltend und mit leiser Stimme in abgebrochenen Sätzen zu sprechen. Es war die frühe Kinderzeit, in die er sich zurückversetzte. Bald sprang er mit Augusten (erst jetzt fällt mir wieder der Name des Mädchens ein) in des Onkels großem Garten umher, und pflückte von den höchsten Bäumen die schönsten Kirschen für sie, denn immer das Beste wußte er den Blicken der anderen Kinder zu entziehen und es ihr zuzustecken. Bald hatte er den Onkel mit Bitten so lange gequält, bis er ihm das schöne teure Bilderbuch mit den Trachten fremder Nationen hervorgelangt. Nun durchblätterten beide Kinder, auf einem Lehnstuhl zusammen knieend über den Tisch gelehnt, das Buch. Immer war ein Mann und eine Frau in der Gegend ihres Landes abgebildet, und immer waren es Theobald und Auguste. In solchen fremden Gegenden, seltsamlich gekleidet, wollten sie allein sein und mit den schönen Blumen und Kräutern spielen. – Wie erstaunte die Mutter, als Auguste in einer Nacht zu sprechen begann und ganz in Theobalds Ideen einging. Auch sie war das siebenjährige Mädchen, und nun spielten beide ihre Kinderspiele durch. Auguste führte selbst die charaktervollsten Begebenheiten ihrer Kinderjahre herbei. Sie war immer sehr heftig, und lehnte sich oft gegen ihre ältere Schwester, die übrigens von wirklich bösartiger Natur, sie unverdienterweise quälte, förmlich auf, welches manchen tragikomischen Vorfall veranlaßte. So saßen die drei Kinder einmal an einem Winterabend beisammen, und die ältere Schwester, übellauniger als je, quälte die kleine Auguste mit ihrem Eigensinn, daß diese vor Zorn und Unmut weinte. Theobald zeichnete, wie gewöhnlich, allerlei Figuren, denen er dann eine sinnige Deutung zu geben wußte; um besser zu sehen, wollte er das Licht putzen, löschte es aber unversehens aus; da benutzte Auguste schnell die Gelegenheit und gab zur Wiedervergeltung des erlittenen Verdrusses der älteren Schwester eine derbe Ohrfeige. Das Mädchen lief weinend und schreiend zum Vater, dem Onkel Theobalds, und klagte, wie Theobald das Licht ausgelöscht und sie dann geschlagen habe. Der Onkel eilte herbei, und als er Theobald seine gehässige Bosheit vorhielt, leugnete dieser, der die Schuldige wohl kannte, die Tat keinesweges. Auguste war zerrissen von innerem Gram, als sie ihren Theobald beschuldigen hörte, er habe, um alles auf sie schieben zu können, erst das Licht ausgelöscht und dann geschlagen; aber je mehr sie weinte, desto mehr tröstete sie der Onkel, daß nun ja doch der Täter entdeckt und alle List des boshaften Theobalds vereitelt sei. Als nun der Onkel zur harten Strafe schritt, da brach ihr das Herz, sie klagte sich an, sie gestand alles, allein in diesem Selbstbekenntnis fand der Onkel nur die überschwengliche Liebe des Mädchens zu dem Knaben, und gerade Theobalds Standhaftigkeit, der sich mit wahrhaftem Heroismus glücklich fühlte, für Augusten zu leiden, gab ihm den Anlaß, ihn als den halsstarrigsten Buben bis aufs Blut zu züchtigen. Augustens Schmerz war grenzenlos, alle ihre Heftigkeit, ihr gebieterisches Wesen war verschwunden, der sanfte Theobald war nun ihr Gebieter, dem sie sich willig schmiegte; mit ihrem

Spielzeug, mit ihren schönsten Puppen konnte er schalten und walten, und wenn er sonst, um nur bei ihr bleiben zu dürfen, sich fügen mußte, Blätter und Blumen für ihre kleine Küche zu suchen, so ließ sie es sich jetzt gefallen, ihm durchs Gesträuch auf dem mutigen Stek-kenhengst zu folgen. Aber so wie das Mädchen jetzt mit ganzer Seele an ihm hing, so war es auch, als habe das für sie erlittene Unrecht Theobalds Zuneigung zur glühendsten Liebe entzündet. Der Onkel bemerkte alles, aber nur dann, als er in späteren Jahren zu seinem Erstaunen den wahren Zusammenhang jenes Vorfalls erfuhr, zweifelte er nicht länger an der tiefen Wahrheit der wechselseitigen Liebe, die die Kinder geäußert, und billigte mit ganzer Seele die innigste Verbindung, in die sie für ihr ganzes Leben treten zu wollen erklärten. Eben jener tragikomische Vorfall sollte auch jetzt das Paar aufs neue vereinigen. – Auguste fing seine Darstellung von dem Moment an, als der Onkel zürnend hineinfuhr, und Theobald unterließ nicht, richtig in seine Rolle einzugreifen. Bis jetzt war Auguste am Tage still und in sich gekehrt gewesen, aber an dem Morgen nach jener Nacht äußerte sie ganz unerwartet der Mutter, wie sie seit einiger Zeit lebhaft von Theobald träume, und warum er denn nicht käme, ja nicht einmal schriebe. Immer mehr stieg diese Sehnsucht, und nun zögerte Theobald nicht länger, als käme er erst jetzt von der Reise, vor Augusten zu erscheinen; sorgfältig hatte er nämlich seit dem schrecklichen Augenblick, als Auguste ihn nicht wiedererkannte, vermieden, sich vor ihr sehen zu lassen. Auguste empfing ihn mit der höchsten Aufwallung der innigsten Liebe. Bald nachher gestand sie unter vielen Tränen, wie sie sich gegen ihn vergangen; wie es einem Fremden auf eine seltsame Weise gelungen, sie von ihm abwendig zu machen, so daß sie, wie von einer fremden Gewalt befangen, ganz aus ihrem eigenen Wesen herausgetreten sei, aber Theobalds wohltätige Erscheinung in lebhaften Träumen, habe die feindlichen Geister, die sie bestrickt, verjagt; ja, sie müsse gestehen, daß sie jetzt nicht einmal des Fremden äußere Gestalt sich ins Gedächtnis zurückrufen könne, und nur Theobald lebe in ihrem Innern. Alban und Theobald, beide waren überzeugt, daß Augusten der wirkliche Wahnsinn, von dem sie ergriffen worden, gänzlich verlassen hatte, und kein Hindernis stand der Vereinigung des –«

So wollte Ottmar seine Erzählung endigen, als Maria mit einem dumpfen Schrei ohnmächtig vom Stuhle in die Arme des schnell herbeigesprungenen Bickert sank. Der Baron fuhr entsetzt auf, Ottmar eilte Bickerten zu Hülfe, und beide brachten Marien auf das Sofa. Sie lag totenbleich da, jede Spur des Lebens war auf dem krampfhaft verzogenen Gesichte verschwunden. – »Sie ist tot, sie ist tot!« schrie der Baron. – »Nein«, rief Ottmar, »sie soll leben, sie muß leben. Alban wird helfen.« – »Alban! Alban! kann *der* Tote erwecken«, schrie Bickert auf; in dem Augenblick öffnete sich die Tür, und Alban trat herein. Mit dem ihm eignen imponierenden Wesen trat er schweigend vor die Ohnmächtige. Der Baron sah ihm mit zornglühendem Gesichte ins Auge – keiner vermochte zu sprechen. Alban schien nur Marien zu gewahren; er heftete seinen Blick auf sie. »Maria, was ist Ihnen?« sprach er mit feierlichem Ton, und es zuckte durch ihre Nerven. Jetzt faßte er ihre Hand. Ohne sich von ihr wegzuwenden, sagte er: »Warum dieses Erschrecken, meine Herren? der Puls geht leise, aber gleich – ich finde das Zimmer voll Dampf, man öffne ein Fenster, gleich wird sich Maria von dem unbedeutenden, ganz gefahrlosen Nervenzufall erholen.« Bickert tat es, da schlug Maria die Augen auf; ihr Blick fiel auf Alban. »Verlaß mich, entsetzlicher Mensch, ohne Qual will ich sterben«, lispelte sie kaum hörbar, und indem sie, sich von Alban abwendend, das Gesicht in die Sofakissen verbarg, sank sie in einen tiefen Schlaf, wie man an den schweren Atemzügen bemerken konnte. Ein seltsames, furchtbares Lächeln durchflog Albans Gesicht; der Baron fuhr auf, er schien etwas mit Heftigkeit sagen zu wollen. Alban faßte ihn scharf ins Auge, und mit einem Tone, in dem, des Ernstes unerachtet, eine gewisse höhnende Ironie lag, sprach er: »Ruhig, Herr Baron! die Kleine ist etwas ungeduldig, aber erwacht sie aus ihrem wohltätigen Schlafe, welches genau morgens um sechs Uhr geschehen wird, so gebe man ihr zwölf von diesen Tropfen, und alles ist vergessen.« – Er reichte Ottmarn das Fläschchen, das er aus der Tasche gezogen, und verließ langsamen Schrittes den Saal.

»Da haben wir den Wunderdoktor!« rief Bickert, als man die schlafende Marie in ihr Zimmer gebracht und Ottmar den Saal verlassen hatte. – »Der tiefsinnige Blick des Geistersehers – das feierliche Wesen – das prophetische Voraussagen – das Fläschchen mit dem Wunderelixier. – Ich habe nur gepaßt, ob er nicht, wie Schwedenborg, vor unsern Augen in der Luft verdampfen, oder wenigstens, wie Beireis, mit dem urplötzlich aus Schwarz in Rot umgefärbten Frack zum Saal hinausschreiten würde.« – »Bickert!« antwortete der Baron, der starr und stumm in den Lehnstuhl gedrückt, Marien wegbringen gesehen: »Bickert! was ist aus unserm frohen Abend geworden! – aber gefühlt im Innern habe ich es, daß mich noch heute etwas Unglückliches treffen, ja daß ich noch Alban aus besonderm Anlaß sehen würde. – Und gerade in dem Augenblicke, als ihn Ottmar zitierte, erschien er wie der waltende Schutzgeist. Sage mir, Bickert! – kam er nicht durch jene Tür?« – »Allerdings«, erwiderte Bickert, »und erst jetzt fällt es mir ein, daß er wie ein zweiter Cagliostro uns ein Kunststückchen gemacht hat, das uns in der Angst und Not ganz entgangen; die einzige Tür des Vorzimmers da drüben habe ich ja von innen verschlossen, und hier ist der Schlüssel – einmal habe ich mich aber doch geirrt und sie offen gelassen.« – Bickert untersuchte die Tür, und zurückkehrend rief er mit Lachen: »Der Cagliostro ist fertig, die Tür ist richtig fest verschlossen wie vorher.« – »Hm«, sagte der Baron, »der Wunderdoktor fängt an in einen gemeinen Taschenspieler überzugehen.« – »Es tut mir leid«, erwiderte Bickert, »Alban hat den allgemeinen Ruf eines geschickten Arztes, und wahr ist es, daß, als unsere Marie, die sonst so gesund gewesen, an den heillosen Nervenübeln erkrankte und alle Mittel scheiterten, sie durch Albans magnetische Kur in wenigen Wochen geheilt wurde. – Schwer entschlossest du dich dazu, nur auf vieles Zureden Ottmars, und weil du die herrliche Blume, die sonst ihr Haupt keck und frei zur Sonne emporrichtete, immer mehr hinwelken sahst.« – »Glaubst du, daß ich wohl getan habe, Ottmarn nachzugeben?« fragte der Baron. »In jener Zeit allerdings«, erwiderte Bickert, »aber Albans verlängerte Gegenwart ist mir gerade nicht angenehm; und was den Magnetismus betrifft – « – »Den verwirfst du ganz und gar«, fiel der Baron ein. »Mitnichten«, antwortete Bickert. »Nicht Zeuge mancher dadurch herbeigeführter Erscheinung hätte ich sein dürfen, um daran zu glauben – ja ich fühle es nur zu sehr, wie alle die wunderbaren Beziehungen und Verknüpfungen des organischen Lebens der ganzen Natur in ihm liegen. All unser Wissen darüber ist und bleibt aber Stückwerk, und sollte der Mensch den völligen Besitz dieses tiefen Naturgeheimnisses erlangen, so käme es mir vor, als habe die Mutter unversehens ein schneidendes Werkzeug verloren, womit sie manches Herrliche zur Lust und Freude ihrer Kinder geformt; die Kinder fänden es, verwundeten sich aber selbst damit, im blinden Eifer, es der Mutter im Formen und Bilden nachmachen zu wollen.« – »Meine innerste Meinung hast du richtig ausgesprochen«, sagte der Baron, »was aber besonders den Alban betrifft, so liegt es dunkel in meiner Seele, wie ich mir all die besonderen Gefühle, die mich in seiner Nähe befangen, zusammenreimen und erklären soll; zuweilen glaube ich über ihn ganz im klaren zu sein. – Seine tiefe Wissenschaft machte ihn zum Schwärmer, aber sein Eifer, sein Glück erwirbt ihm Achtung! Allein, nur wenn ich ihn nicht sehe, erscheint er mir so; nahet er sich mir, so ist jenes Bild aus der Perspektive gerückt, und deformierte Züge, die mit einer furchtbaren Charakteristik im einzelnen sich doch nicht zum Ganzen fügen wollen, erfüllen mich mit Grauen. Als Ottmar ihn vor mehreren Monaten als seinen innigsten Freund zu uns brachte, war es mir, als habe ich ihn irgend einmal schon gesehen; seine Feinheit, sein gewandtes Betragen gefielen mir, aber im ganzen war mir seine Gegenwart nicht wohltuend. Bald darauf, und zwar, wie es mir schon oft schwer aufs Herz gefallen, gleich nach Albans Erscheinung erkrankte, wie du weißt, Maria auf eine ganz seltsame Weise, und ich muß es gestehen, Alban, als er endlich herbeigerufen wurde, unterzog sich der Kur mit einem beispiellosen Eifer, mit einer Ergebenheit, mit einer Liebe und Treue, die ihm bei dem glücklichsten Erfolg die höchste, unzweideutigste Liebe und Achtung erwerben mußte. Ich hätte ihn mit Gold überschütten mögen, aber jedes Wort des Dankes wurde mir schwer; ja, in eben dem Grade, als die magnetische Kur anschlug, erfüllte sie mich mit Abscheu und Alban wurde mir mit jedem Tage verhaßter. Zuweilen war es mir, als könne er mich aus der dringendsten Lebensgefahr retten, ohne auch nur im mindesten für sich bei mir zu gewinnen. Sein feierliches Wesen, seine mystischen Reden, seine Scharlatanerien, wie er zum Beispiel die Ulmen, die Linden und was weiß ich noch was für Bäume magnetisiert, wenn er, mit ausgestreckten Armen nach Norden gerichtet, von dem Weltgeist neue Kraft in sich zieht; alles spannt mich auf eine gewisse Weise, trotz der herzlichen Verachtung, die ich dagegen spüre. Aber, Bickert! merk wohl auf! – Die sonderbarste Erscheinung dünkt mir, daß, seitdem Alban hier ist, ich öfter als je an meinen dänischen Major, von dem ich vorhin erzählt habe, denken muß. – Jetzt, eben jetzt, als er so höhnisch, so wahrhaft diabolisch lächelte und mich mit seinen großen pechschwarzen Augen anstarrte, da stand der Major ganz vor mir – die Ähnlichkeit ist auffallend.« – »Und«, fiel Bickert ein, »so ist mit einem Mal deine seltsame Empfindung, deine Idiosynkrasie erklärt. Nicht Alban, nein, der dänische Major ist es, der dich ängstigt und quält; der wohltuende Arzt trägt die Schuld seiner Habichtsnase und seiner schwarzen feurigen Augen; beruhige dich ganz und schlage dir alles Böse aus dem Sinn. – Alban mag ein Schwärmer sein, aber er will gewiß das Gute und vollbringt es, und so lasse man ihm seine Scharlatanerien als ein unschädliches Spielwerk, und achte ihn als den geschickten, tiefschauenden Arzt.« – Der Baron stand auf und sagte, indem er Bickerts beide Hände faßte: »Franz, das hast du gegen deine innere Überzeugung gesprochen; es soll ein Palliativmittel sein für meine Angst, für meine Unruhe. – Aber – tief liegt es in meiner Seele: Alban ist mein feindlicher Dämon – Franz, ich beschwöre dich! sei achtsam – rate – hilf – stütze, wenn du an meinem morschen Familiengebäude etwas wanken siehst. Du verstehst mich – kein Wort weiter.«

Die Freunde umarmten sich, und Mitternacht war längst vorüber, als jeder gedankenvoll mit unruhigem, aufgeregtem Gemüt in sein Zimmer schlich. Punkt sechs Uhr erwachte

Maria, wie es Alban vorausgesagt, man gab ihr zwölf Tropfen aus dem Fläschchen, und zwei Stunden später trat sie heiter und blühend in das Gesellschaftszimmer, wo der Baron, Ottmar und Bickert sie freudig empfingen. Alban hatte sich in sein Zimmer eingeschlossen und sagen lassen, wie ihn eine dringende Korrespondenz den ganzen Tag über darin festhalten werde.

Mariens Brief an Adelgunde

So hast Du Dich endlich aus den Stürmen, aus den Bedrängnissen des bösen Krieges gerettet und eine sichere Freistatt gefunden? – Nein! ich kann es Dir nicht sagen, geliebte Herzensfreundin, was ich empfand, als ich nach so langer, langer Zeit endlich Deine kleinen niedlichen Schriftzüge wiedererblickte. Vor lauter Ungeduld hätte ich beinahe den festgesiegelten Brief zerrissen. Erst habe ich gelesen und gelesen, und ich wußte doch nicht, was darin gestanden, bis ich endlich ruhiger wurde, und nun mit Entzücken erfuhr, daß Dein teurer Bruder, mein geliebter Hypolit, wohl ist, daß ich ihn bald wiedersehen werde. Also keiner meiner Briefe hat dich erreicht? Ach, liebe Adelgunde! Deine Marie ist recht krank gewesen, recht sehr krank, aber nun ist alles wieder besser, wiewohl mein Übel von einer solchen mir selbst unbegreiflichen Art war, daß ich noch jetzt mich ordentlich entsetze, wenn ich daran denke, und Ottmar und der Arzt sagen, diese Empfindung sei eben auch noch Krankheit, die von Grund aus gehoben werden müsse. Verlange nicht, daß ich Dir sagen soll, was mir eigentlich gefehlt hat; ich weiß es selbst nicht; kein Schmerz, kein mit Namen zu sagendes Leiden, und doch alle Ruhe, alle Heiterkeit hin. – Alles kam mir verändert vor. – Laut gesprochene Worte, Fußtritte bohrten wie Stacheln in meinen Kopf. Zuweilen hatte alles um mich herum, leblose Dinge, Stimme und Klang und neckte und quälte mich mit wundersamen Zungen; seltsame Einbildungen rissen mich heraus aus dem wirklichen Leben. Kannst Du es Dir denken, Adelgundchen, daß die närrischen Kindermärchen vom grünen Vogel, vom Prinzen Fakardin von Trebisond und was weiß ich sonst, die uns Tante Klara so hübsch zu erzählen wußte, nun auf eine für mich schreckbare Weise ins Leben traten, denn ich selbst unterlag ja den Verwandlungen, die der böse Zauberer über mich verhängte – ja es ist wohl lächerlich zu sagen, wie diese Albernheiten so feindselig auf mich wirkten, daß ich zusehends matter und kraftloser wurde. Indem ich mich oft über ein Unding, über ein Nichts bis zum Tode betrüben, und wieder eben über solch ein Nichts bis zur Ausgelassenheit erfreuen konnte, zehrte sich mein Selbst auf in den gewaltsamen Ausbrüchen einer innern mir unbekannten Kraft. – Gewisse Dinge, die ich sonst gar nicht beachtete, fielen mir jetzt nicht allein auf, sondern konnten mich recht quälen. So hatte ich einen solchen Abscheu gegen Lilien, daß ich jedesmal ohnmächtig wurde, sobald, war es auch in weiter Ferne, eine blühte; denn aus ihren Kelchen sah ich glatte, glänzende, züngelnde Basiliske auf mich zuspringen. Doch was trachte ich, Dir, liebe Adelgunde, auch nur eine Idee von dem Zustande zu geben, den ich nicht Krankheit nennen möchte, wenn er mich nicht immer mehr und mehr ermattet hätte; mit jedem Tage schwächer werdend, sah ich den Tod vor Augen. – Nun muß ich Dir aber etwas Besonderes sagen – nämlich, was mein Genesen betrifft, das habe ich einem herrlichen Mann zu danken, den Ottmar schon früher ins Haus gebracht und der in der Residenz unter all den großen und geschickten Ärzten der einzige sein soll, der das Geheimnis besitzt, eine solche sonderbare Krankheit, wie die meinige, schnell und sicher zu heilen. – Das Besondere ist aber, daß in meinen Träumen und Erscheinungen immer ein schöner ernster Mann im Spiele war, der, unerachtet seiner Jugend, mir wahrhafte Ehrfurcht einflößte und der bald auf diese, bald auf jene Weise, aber immer in langen Talaren gekleidet, mit einer diamantnen Krone auf dem Haupte, mir wie der romantische König in der märchenhaften Geisterwelt erschien und allen bösen Zauber löste. Ich mußte ihm lieb und innig verwandt sein, denn er nahm sich meiner besonders an, und ich war ihm dafür mit meinem Leben verpflichtet. Bald kam er mir vor wie der weise Salomo, und dann mußte ich auch wieder auf ganz ungereimte Weise an den Sarastro in der »Zauberflöte« denken, wie ich ihn in der Residenz gesehen. – Ach, liebe Adelgunde, wie erschrak ich nun, als ich auf den ersten Blick in Alban jenen romantischen König aus meinen Träumen erkannte. – Alban ist nämlich eben der seltene Arzt, den Ottmar schon vor langer Zeit einmal als seinen Herzensfreund aus der Residenz mitbrachte; indessen war er mir damals bei dem kurzen Besuch so gleichgültig geblieben, daß ich mich nachher nicht einmal seines Äußern zu entsinnen wußte. – Alsdann aber, als er wiederkam, zu meiner Heilung berufen, wußte ich mir selbst von der innern Empfindung, die mich durchdrang, nicht Rechenschaft zu geben. – So wie Alban überhaupt in seiner Bildung, in seinem ganzen Betragen, eine gewisse Würde, ich möchte sagen, etwas Gebietendes hat, das ihn über seine Umgebung erhebt, so war es mir gleich, als er seinen ernsten durchdringenden Blick auf mich richtete: ich müßte alles unbedingt tun, was er gebieten würde, und als ob er meine Genesung nur recht lebhaft wollen dürfe, um mich ganz herzustellen. Ottmar sagte: ich solle durch den sogenannten Magnetismus geheilt werden, und

Alban werde durch gewisse Mittel mich in einen exaltierten Zustand setzen, in dem ich schlafend, und in diesem Schlaf erwachend, selbst meine Krankheit genau einsehen und die Art meiner Kur bestimmen werde. Du glaubst nicht, liebe Adelgunde, welch ein eignes Gefühl von Angst – Furcht, ja Grausen und Entsetzen mich durchbebte, wenn ich an den bewußtlosen und doch höher lebenden Zustand dachte, und doch war es mir nur zu klar, daß ich mich vergebens dagegen sträuben würde, was Alban beschlossen. – Jene Mittel sind angewendet worden, und ich habe, meiner Scheu, meiner Furcht zum Trotz, nur wohltätige Folgen gespürt. – Meine Farbe, meine Munterkeit ist wiedergekehrt, und statt der entsetzlichen Spannung, in der mir oft das Gleichgültigste zur Qual wurde, befinde ich mich in einem ziemlich ruhigen Zustande. Jene närrischen Traumbilder sind verschwunden, und der Schlaf erquickt mich, indem selbst das tolle Zeug, was mir oft darin vorkommt, statt mich zu quälen, mich belebt und erheitert. – Denke einmal, liebe Adelgunde, ich träume jetzt oft: ich könne mit geschlossenen Augen, als sei mir ein anderer Sinn aufgegangen, Farben erkennen, Metalle unterscheiden, lesen und so weiter, sobald es nur Alban verlange; ja oft gebietet er mir, mein Inneres zu durchschauen und ihm alles zu sagen, was ich darin erblicke, und ich tue es mit der größten Bestimmtheit; zuweilen muß ich plötzlich an Alban denken, er steht vor mir, und ich versinke nach und nach in einen träumerischen Zustand, dessen letzter Gedanke, in dem mein Bewußtsein untergeht, mir fremde Ideen bringt, welche mit besonderem, ich möchte sagen, golden glühendem Leben mich durchstrahlen, und ich weiß, daß Alban diese göttlichen Ideen in mir denkt, denn er ist dann selbst in meinem Sein, wie der höhere belebende Funke, und entfernt er sich, was nur geistig geschehen kann, da die körperliche Entfernung gleichgültig ist, so ist alles erstorben. Nur in diesem *Mit-ihm-* und *In-ihm-*Sein kann ich wahrhaftig leben, und es müßte, wäre es ihm möglich, sich mir geistig ganz zu entziehn, mein Selbst in toter Öde erstarren; ja, indem ich dieses schreibe, fühle ich nur zu sehr, daß nur *er* es ist, der mir den Ausdruck gibt, mein Sein in ihm wenigstens anzudeuten. – Ich weiß nicht, Adelgundchen, ob ich Dir nicht fremdartig oder vielleicht als eine phantastische Schwärmerin erscheine, ob Du mich überhaupt verstehst, und es war mir, als ob eben jetzt leise und wehmütig der Name: Hypolit, über Deine Lippen gleite. – Glaube mir, daß Hypolit nie inniger von mir geliebt wurde, ich nenne ihn oft im frommen Gebet um sein Heil. – Die heiligen Engel mögen ihn schirmen vor jedem feindlichen Streich, der ihm in wilder Feldschlacht droht. Aber, seitdem Alban mein Herr und Meister ist, dünkt es mich, nur durch *ihn* könne ich meinen Hypolit stärker und inniger lieben, und als habe ich die Macht, mich wie sein Schutzgeist zu ihm zu schwingen und ihn mit meinem Gebet, wie mit einem Seraphsfittig, zu umhüllen, so daß der Mord ihn vergebens listig spähend umschleicht. Alban, der hohe, herrliche Mann, führt mich als die durch das höhere Leben geweihte Braut in seine Arme; aber nicht ohne seinen Meister darf das Kind sich in die Stürme der Welt wagen. – Erst seit wenigen Tagen erkenne ich ganz Albans wahrhaftige Größe. – Aber glaubst du wohl, liebe Adelgunde, daß, als ich noch kränker und über alle Maßen reizbar war, sich oft niedrige Zweifel gegen meinen Herrn und Meister in meiner Brust erhoben? – Da hielt ich es denn für gesündigt gegen Liebe und Treue, wenn selbst im Gebet für meinen Hypolit Albans Gestalt in meinem Innern aufstieg, zürnend und drohend, daß ich ohne ihn mich hinauswagen wolle aus dem Kreise, den er mir beschrieben, wie ein böses Kind, das, des Vaters Warnung vergessend, hinauslaufe aus dem friedlichen Garten in den Wald, wo feindliche Tiere blutgierig hinter den grünen anmutigen Büschen lauern. Ach, Adelgunde! – diese Zweifel quälten mich schrecklich. Lache mich recht aus, wenn ich Dir sage, daß ich sogar auf den Gedanken geriet: Alban wolle mich künstlich umstricken und, unter dem Schein des heiligen Wunders, irdische Liebe in meinem Innern entzünden. – Ach, Hypolit! – Neulich saßen wir, der Vater, der Bruder, der alte Bickert und ich traulich abends beisammen; Alban war, wie es seine Gewohnheit ist, noch auf weitem Spaziergange begriffen. Es war die Rede von Träumen, und der Vater sowie Bickert wußten davon allerlei Wunderbares und Ergötzliches zu sagen. Da nahm auch Ottmar das Wort und erzählte, wie nach Albans Rat, und unter seiner Leitung, es einem seiner Freunde gelungen sei, eines Mädchens innige Liebe dadurch zu gewinnen, daß er, ohne ihr Wissen, wenn sie schlief, in ihrer Nähe war und ihre innersten Gedanken durch magnetische Mittel auf sich leitete. Dazu kam, daß der Vater und auch mein alter treuer Bickert sich, wie sie noch nie in meiner Gegenwart getan, bestimmt und hart gegen den Magnetismus, und auch in gewisser Art gegen Alban erklärten – alle Zweifel gegen den Meister erwachten mit doppelter Stärke in meiner Seele – wie wenn er sich geheimer höllischer Mittel bediente, mich zu seiner Sklavin zu fesseln; wie wenn er dann geböte, ich solle, nur *ihn* in Sinn und Gedanken tragend, Hypolit lassen? Ein nie gekanntes Gefühl ergriff mich mit tötender Angst; ich sah Alban in seinem Zimmer mit unbekannten Instrumenten und häßlichen Pflanzen und Tieren und Steinen und blinkenden Metallen umgeben, wie er in krampfhafter Bewegung seltsame Kreise mit den Armen und Händen beschrieb. Sein Gesicht, sonst so ruhig und ernst, war zur grausigen Larve verzogen, und aus seinen glutroten Augen schlängelten sich in ekelhafter Schnelle blanke, glatte Basiliske, wie ich sie sonst in den Lilienkelchen zu erblicken wähnte. Da war es, als gleite ein eiskalter Strom über meinen Rücken hin, ich erwachte aus meinem Ohnmacht ähnlichen Zustande; Alban stand vor mir – aber, du heiliger Gott! nicht *er* war's, nein! jene entsetzliche Larve, die meine Einbildung geschaffen! – Wie habe ich am andern Morgen mich vor mir selbst geschämt! – Alban war mit meinen Zweifeln gegen ihn bekannt, und nur in seiner gütigen Milde hat er mir wohl verschwiegen, daß er es auch wohl wußte, wie ich ihn selbst mir gebildet, denn er lebt ja in meinem Innern und weiß meine geheimsten Gedanken, die ich in Frömmigkeit und Demut auch nicht trachte ihm zu verschweigen. Übrigens machte er aus meinem krankhaften Anfall nicht viel, sondern schob alles auf den Dunst des türkischen Tabaks, den mein Vater an jenem Abende geraucht. Du hättest nur sehen sollen, mit welchem gütigen Ernst, mit welcher väterlichen Sorglichkeit mich jetzt der herrliche Meister behandelte. Es ist nicht allein der Körper, den er gesund zu erhalten weiß, nein! – es ist der Geist, den er dem höhern Leben zuführt. Könnte meine liebe, treue Adelgunde nur hier sein und sich an dem wahrhaft frommen Leben erlaben, das wir in friedlicher Stille führen. Bickert ist noch der frohe Alte wie immer, nur mein Vater und Ottmar sind zuweilen in sonderbarer Verstimmung; den im treibenden Leben wühlenden Männern mag oft unsere Einförmigkeit nicht zusagen. – Alban spricht ganz herrlich über die Sagen und Mythen der alten Ägypter und Indier, oft versinke ich darüber, zumal unter den großen Buchen im Park, unwillkürlich in einen Schlaf, von dem ich wie neu belebt erwache. Ich komme mir dann beinahe vor wie die Miranda in Shakespeares »Sturm«, die von Prospero vergebens ermuntert wird, seine Erzählung zu hören. Recht mit Prosperos Worten sagte neulich Ottmar zu mir: »Gib deiner Müdigkeit nach – du kannst nicht anders.«

Nun, Adelgundchen! hast Du mein inneres Leben ganz, ich habe Dir alles erzählt, und das tut meinem Herzen wohl. Beiliegende Zeilen für Hypolit und so weiter.

Fragment von Albans Brief an Theobald

– – – zurückgeblieben ist. Die Frömmigkeit schließt das *Frommtun* in sich, und jedes Frommtun ist eine Heuchelei, sei es auch nicht sowohl um andere zu betrügen, als sich selbst an dem Reflex des in unechtem Golde blinkernden Strahlenscheins zu ergötzen, mit dem man sich zum Heiligen gekrönt hat. – Regten sich denn in Deiner eigenen Brust nicht manchmal Gefühle, die Du, mein lieber Brahmin! mit dem, was Du aus Gewohnheit, und bequem in dem Geleise bleibend, das die verjährte Ammenmoral eingefurcht hat, als gut und weise erkennen willst, nicht zusammenreimen konntest? Alle diese Zweifel gegen die Tugendlehre der Mutter Gans, alle diese über die künstlichen Ufer des durch Moralsysteme eingedämmten Stroms überbrausenden Neigungen, der unwiderstehliche Drang, den Fittig, den man kräftig befiedert an den Schultern fühlt, frisch zu schütteln und sich dem Höhern zuzuschwingen, sind *die* Anfechtungen des Satans, vor denen die aszetischen Schulmeister warnen. Wir sollen wie gläubige Kinder die Augen zudrücken, um an dem Glanz und Schimmer des heil. Christs, den uns die Natur überall in den Weg stellt, nicht zu erblinden. – Jede Neigung, die den höheren Gebrauch der inneren Kräfte in Anspruch nimmt, kann nicht verwerflich sein, sondern muß eben aus der menschlichen Natur entsprungen und in ihr begründet, nach der Erfüllung des Zwecks unseres Daseins streben. Kann dieser denn ein anderer sein als die höchstmöglichste, vollkommenste Ausbildung und Anwendung unserer physischen und psychischen Kräfte? – Ich weiß, daß ohne weiter zu reden, ich Dich, mein lieber Brahmin! (so, und nicht anders, muß ich Dich nach deinen Lebensansichten nennen), schon zum Widerspruch gereizt habe, da Dein ganzes Tun und Treiben der innigen Meinung entgegenstrebt, die ich nur angedeutet. – Sei indessen überzeugt, daß ich Dein kontemplatives Leben und Deine Bemühungen, durch immer geschärfteres Anschauen in die Geheimnisse der Natur einzudringen, achte; aber statt Dich an dem Glanz des diamantnen Schlüssels in stiller untätiger Betrachtung zu erfreuen, ergreife ihn keck und kühn, und öffne die geheimnisvolle Pforte, vor der Du sonst stehen bleiben wirst in Ewigkeit. – Du bist zum Kampfe gerüstet, was weilst Du in träger Ruhe? – Alle Existenz ist Kampf und geht aus dem Kampfe hervor. In einem fortsteigenden Klimax wird dem Mächtigern der Sieg zuteil, und mit dem unterjochten Vasallen vermehrt er seine Kraft. – Du weißt, lieber Theobald! wie ich immer diesen Kampf auch im geistigen Leben statuiert, wie ich keck behauptet, daß eben die geheimnisvolle geistige Übermacht dieses oder jenes Schoßkindes der Natur, die Herrschaft, die er sich anmaßen darf, ihm auch Nahrung und Kraft zu immer höherem Schwunge gibt. Die Waffe, mit der wir, denen die Kraft und Übermacht inwohnt, diesen geistigen Kampf gegen das untergeordnete Prinzip kämpfen und uns dasselbe unterjochen, ist uns, ich möchte sagen, sichtbarlich in die Hand gegeben. Wie ist es doch gekommen, daß man jenes Eindringen, jenes gänzliche In-uns-Ziehen und Beherrschen des außer uns liegenden geistigen Prinzips durch uns bekannt gewordene Mittel, Magnetismus genannt hat, da diese Benennung nicht genügt, oder vielmehr, als von einer einzelnen physisch wirkenden Kraft hergenommen, gar nicht das bezeichnet, was wir darunter verstanden wissen wollen. Es mußte gerade ein Arzt sein, der zuerst von meinem Geheimnisse zur Welt sprach, das eine unsichtbare Kirche wie ihren besten Schatz im stillen aufbewahrte, um eine ganz untergeordnete Tendenz als den einzigen Zweck der Wirkung aufzustellen, denn so wurde der Schleier gewebt, den die blöden Augen der Ungeweihten nicht durchdringen. – Ist es denn nicht lächerlich zu glauben, die Natur habe uns den wunderbaren Talisman, der uns zum König der Geister macht, anvertraut, um Zahnweh oder Kopfschmerz, oder was weiß ich sonst, zu heilen? – Nein, es ist die unbedingte Herrschaft über das geistige Prinzip des Lebens, die wir, immer vertrauter werdend mit der gewaltigen Kraft jenes Talismans, erzwingen. Sich unter seinem Zauber schmiegend, muß das unterjochte fremde Geistige nur in *uns* existieren, und mit seiner Kraft nur *uns* nähren und stärken! – Der Fokus, in dem sich alles Geistige sammelt, ist Gott! – Je mehr Strahlen sich zur Feuerpyramide sammeln – desto näher ist der Fokus! – Wie breiten sich diese Strahlen aus – sie umfassen das organische Leben der ganzen Natur, und es ist der Schimmer des Geistigen, der uns in Pflanze und Tier unsere durch dieselbe Kraft belebten Genossen erkennen läßt. – Das Streben nach jener Herrschaft ist das Streben nach dem Göttlichen, und das Gefühl der Macht steigert in dem Verhältnis seiner Stärke den Grad der Seligkeit. Der Inbegriff aller Seligkeit ist im Fokus! – Wie klein und erbärmlich erscheint mir alles Geschwätz über jene herrliche Kraft, die den Geweihten verliehen, und es ist wohl zu begreifen, daß nur die höhere Ansicht als der Ausdruck der inneren Weihe auch die höhere Wirksamkeit herbeiführt. – Nach allem diesem wirst Du glauben müssen, daß mir bei der Anwendung alle physischen Mittel fremd geworden, allein es ist dem nicht so. Hier ist es, wo wir noch im Dunkeln tappen, solange uns die geheime Verbindung des Geistigen mit dem Körper nicht klar vor Augen liegt, und ich möchte sagen, die physischen Hülfsmittel sind uns nur wie Zeichen des Herrschers in die Hand gegeben, denen sich unbekannte Vasallen unterwerfen. – Ich weiß selbst nicht, wie ich dazu gekommen bin, Dir, mein Theobald, so viel über einen Gegenstand zu sagen, von dem ich ungern spreche, da ich es fühle, wie nur die aus einer besondern innern geistigen Organisation entsprießende Überzeugung den leeren Worten Gewicht und Nachdruck geben muß. Deinen Vorwurf, einer lebhaft aufwallenden Neigung gefolgt zu sein und gegen Deine sogenannten moralischen Ansichten gesündigt zu haben, wollte ich beantworten, und jetzt erst werde ich gewahr, daß ich Dir neulich meine Verhältnisse in dem Hause des Barons viel zu rhapsodisch entwickelte, um nicht mißverstanden zu werden. – Ich gebe mir Zeit und Mühe, manches von meinem Eintritt in dies Haus nachzuholen, und wenn mein lieber frommer Brahmin in einem höher beschwingten Augenblick mir nur einigermaßen in mein Gebiet folgen will, so werde ich von aller Schuld gereinigt sein.

Ottmar ist nun einmal einer von den vielen Menschen, die, nicht ohne Geist und Verstand, ja selbst mit einer enthusiastischen Lebendigkeit, alles Neue im Gebiet der Wissenschaft auffassen; aber eben dieses Auffassen ist ihr letzter Zweck, und es ist nur die Kenntnis der Form, die sie, der inneren Kraft sich freuend, mit leichter Mühe erringen. Mit dieser Kenntnis ist ihr Geist, dem selbst die Ahnungen des Innern fremd bleiben, zufrieden; dem Gemüt, das man ihnen nicht absprechen kann, fehlt Tiefe. – Ottmar hat sich, wie Du weißt, an mich gedrängt, und, indem er mir wie der Koryphäus einer ganz überzahlreichen Klasse von jungen Leuten, wie sie jetzt so häufig angetroffen werden, erschien, ergötzte es mich, mit ihm höhnend zu spielen. Mein Zimmer hat er mit einer Ehrfurcht betreten, als sei es das innerste heiligste Gemach im Tempel zu Sais, und da er sich als mein Schüler willig unter meine Zuchtrute schmiegte, hielt ich es für billig, ihm manches unschuldige Spielzeug anzuvertrauen, das er triumphierend den Knaben vorwies und recht großtat mit der Liebe des Meisters. – Als ich seinen Bitten nachgab und ihn auf seines Vaters Gut begleitete, fand ich in dem Baron, seinem Vater, einen störrischen Alten, umgeben von einem wunderlichen humoristischen alten Maler, der manchmal den weinerlichen moralischen Pagliasso macht. – Was ich Dir über den Eindruck, den Marie auf mich machte, früher gesagt habe, weiß ich nicht mehr; aber ich fühle es in diesem Augenblick, daß es schwer sein wird, mich so darüber auszusprechen, daß ich von Dir ganz verstanden werde. – In Wahrheit, ich muß mich darauf beziehen, daß Du mich kennst, ja daß Du von jeher mein ganzes Tun und Treiben in den höheren Tendenzen, die dem Volke ewig verschlossen, begriffen. Du bist daher überzeugt, daß eine schlanke Gestalt, die wie eine herrliche Pflanze, in zartem Wuchs üppige Blätter und Blüten treibend, aufgeschossen; ein blaues Auge, das emporblickend sich nach dem zu sehnen scheint, was die fernen Wolken verschleiern – kurz, daß ein engelschönes Mädchen mich nicht in den süßlich schmachtenden Zustand des lächerlichen Amoroso versetzen kann. – Es war einzig und allein die augenblickliche Erkenntnis der geheimen geistigen Beziehung zwischen Marien und mir, die mich mit dem wunderbarsten Gefühl durchbebte. Der innigsten Wonne mischte sich ein schneidender, stechender Grimm bei, den die Opposition in Marien erzeugte – eine fremde feindliche Kraft widerstrebte meiner Einwirkung und hielt Mariens Geist befangen. Mit ganzer Macht meinen Geist darauf fixierend, wurde ich den Feind gewahr, und in vollem Kampf suchte ich alle Strahlen, die aus Mariens Innern mir zuströmten, wie in einem Brennspiegel aufzufangen. Der alte Maler beachtete mich mehr, als die übrigen es taten; er schien die innere Spannung, die Marie in mir hervorgebracht, zu ahnen. Vielleicht war es mein Blick, der mich verriet, denn so zwängt der Körper den Geist ja ein, daß die leiseste seiner Bewegungen in den Nerven oszillierend nach außen wirkt, und die Gesichtszüge – wenigstens den Blick des Auges verändert. Wie ergötzte es mich aber, daß er die Sache so gemein nahm; er sprach unaufhörlich von dem Grafen Hypolit, Mariens verlobtem Bräutigam, und daß er die bunte Musterkarte von allen seinen Tugenden recht mit Behagen vor mir ausbreitete, diente mir nur dazu, die läppischen Verhältnisse, welche die Menschen in einfältiger kindischer Tätigkeit anknüpfen, im Innersten zu belachen und mich meiner tiefern Erkenntnis jener Verbindungen, die die Natur knüpft, und der Kraft diese zu hegen und zu pflegen, zu erfreuen. – Marien ganz in mein Selbst zu ziehen, ihre ganze Existenz, ihr Sein so in dem meinigen zu verweben, daß die Trennung davon sie vernichten muß, das war der Gedanke, der, mich hoch beseligend, nur die Erfüllung dessen aussprach, was die Natur wollte. Diese innigste geistige Verbindung mit dem Weibe, im Seligkeitsgefühl jeden andern als den höchsten ausgeschrieenen tierischen Genuß himmelhoch überflügelnd, ziemt dem Priester der Isis, und Du kennst mein System in diesem Punkt, ich darf nichts weiter darüber sagen. Die Natur organisierte das Weib in allen seinen Tendenzen passiv. – Es ist das willige Hingeben, das begierige Auffassen des fremden außerhalb liegenden, das Anerkennen und Verehren des höheren Prinzips, worin das wahrhaft kindliche Gemüt besteht, das nur dem Weibe eigen und das ganz zu beherrschen, ganz in sich aufzunehmen die höchste Wonne ist. – Von diesen Augenblicken an blieb ich, unerachtet ich mich wieder, wie Du weißt, von dem Gute des Barons entfernte, Marien geistig nah, und welcher Mittel ich mich bediente, insgeheim mich auch körperlich ihr zu nahen, um kräftiger zu wirken, mag ich Dir nicht sagen, da manches sich kleinlich ausnehmen würde, unerachtet es zu dem vorgesetzten Zweck führte. – Maria fiel bald darauf in einen phantastischen Zustand, den Ottmar natürlicherweise für eine Nervenkrankheit halten mußte, und ich kam wieder als Arzt in das Haus, wie ich es vorausgesehen. – Maria erkannte in mir *den,* der ihr schon oft in der Glorie der beherrschenden Macht als ihr Meister im Traume erschienen, und alles, was sie nur dunkel geahnet, sah sie nun hell und klar mit ihres Geistes Augen. – Nur meines Blicks, meines festen Willens bedurfte es, sie in den sogenannten somnambulen Zustand zu versetzen, der nichts anders war, als das gänzliche Hinaustreten aus sich selbst und das Leben in der höheren Sphäre des Meisters. Es war *mein* Geist, der sie dann willig aufnahm und ihr die Schwingen gab, dem Kerker, mit dem sie die Menschen überbaut hatten, zu entschweben. Nur in diesem Sein in mir kann Marie fortleben, und sie ist ruhig und glücklich. – Hypolits Bild kann in ihr nur noch in schwachen Umrissen existieren, und auch diese sollen bald in Duft zerfließen. Der Baron und der alte Maler sehen mich mit feindlichen Blicken an, aber es ist herrlich, wie sich auch da die Kraft bewährt, die mir die Natur verliehen. Ein unheimliches Gefühl mag es sein, daß sie widerstrebend doch den Meister erkennen müssen. Du weißt, auf welche wunderbare Weise ich mir einen Schatz geheimer Kenntnisse gesammelt. Nie hast Du das Buch lesen mögen, unerachtet es Dich überrascht haben würde, wie noch in keinem der physikalischen Lehrbücher solche herrliche Kombinationen mancher Naturkräfte und ihrer Wirkung, so wie hier entwickelt sind. Ich verschmähe es nicht, manches sorglich zu bereiten; und kann man es denn Trug nennen, wenn der gaffende Pöbel über etwas erschrickt und staunt, das er mit Recht für wunderbar hält, da die Kenntnis der nächsten Ursache nicht das Wundervolle, sondern nur die Überraschung vernichtet? – Hypolit ist Obrister in … en Diensten, mithin im Felde; ich wünsche nicht seinen Tod; er mag zurückkommen, und mein Triumph wird herrlicher sein, denn der Sieg ist gewiß. Sollte sich der Gegner kräftiger zeigen als ich es gedacht, so wirst Du mir im Gefühl meiner Kraft zutrauen, daß – – etc.

Das einsame Schloß

Das Gewitter war vorüber, und in rotem Feuer brennend, brach die sinkende Sonne durch die finsteren Wolken, die schnell fliehend in den tiefen Gründen verdampften. Der Abendwind rührte seine Fittige, und wie in schwellenden Wogen strömten die Wohlgerüche, die aus Bäumen, Blumen, Gräsern emporstiegen, durch die warme Luft. Als ich aus dem Walde trat, lag das freundliche Dorf, dessen Nähe mir der Postillion verheißen, dicht vor mir im blumigen Wiesengrunde, und hoch hervor ragten die gotischen Türme des Schlosses, dessen Fenster im Schein der Sonne glühten, als wollten innere Flammen hervorbrechen. Glockengeläute und geistlicher Gesang tönten zu mir herüber; in der Ferne sah ich einen feierlichen Leichenzug auf der Straße von dem Schlosse her nach dem Kirchhofe wallen; als ich endlich ankam, war der Gesang verstummt; man hatte nach der dortigen Sitte den Sarg geöffnet, vor dem Grabe niedergesetzt, und der Pfarrer hielt den Leichen-Sermon. Sie waren im Begriff den Deckel auf den Sarg zu heben, als ich hinzutrat und den Toten erblickte. Es war ein hochbejahrter Mann, der mit heiterm Gesicht unentstellt dalag, als schlummerte er sanft und friedlich. Der alte Bauer sagte tief gerührt: »Sieh, wie unser alter Franz so schön daliegt; Gott schenke mir ein so frommes Ende – ja! – selig sind, die in dem Herrn entschlafen.« – Mir war es, als sei dies die rechte Totenfeier für den frommen Entschlafenen, und des Bauers einfache Worte die herrlichste Leichenrede. – Sie senkten den Sarg hinab, und als nun die Erdschollen mit dumpfem Klang hinabfielen, ergriff mich die bitterste Wehmut, als läge der Herzensfreund in der toten kalten Erde. – Eben wollte ich den Berg hinaufsteigen, auf dem das Schloß lag, als mir der Pfarrer entgegentrat, bei dem ich mich nach dem Toten, den man eben zu Grabe getragen, erkundigte. Der alte Maler Franz Bickert, der seit drei Jahren allein in dem verödeten Schloß gewohnt und den Kastellan gemacht hatte, war es, den man beerdigt hatte. Ich wünschte in das Schloß zu gehen; der Geistliche hatte bis zur Ankunft des Bevollmächtigten des jetzigen Besitzers die Schlüssel übernommen, und ich trat nicht ohne Schauer in die verödeten weiten Säle, wo sonst fröhliche Menschen gehauset und worin nun eine Totenstille herrschte. Bickert hatte sich in den letzten drei Jahren, die er wie ein Einsiedler in dem Schlosse zubrachte, auf eine wunderliche Weise mit der Kunst beschäftigt. Ohne alle Hülfe, selbst was die mechanischen Vorrichtungen betrifft, unternahm er es, den ganzen obern Stock, in welchem er selbst ein Zimmer bewohnte, im gotischen Stil auszumalen, und auf den ersten Blick ahnte man in den phantastischen Zusammenstellungen fremdartiger Dinge, wie sie dem Charakter der gotischen Verzierungen eigen, tiefsinnige Allegorien. Sehr oft wiederholt war eine häßliche Teufelsgestalt, die ein schlafendes Mädchen belauscht. – Ich eilte nach Bickerts Zimmer. – Der Lehnstuhl stand noch so abgerückt vom Tische, auf dem eine angefangene Zeichnung lag, als sei Bickert eben von der Arbeit aufgestanden; ein grauer Überrock hing auf der Lehne, und ein kleines graues Mützchen lag neben der Zeichnung. – Es war, als werde im Augenblick der Alte mit dem freundlichen frommen Gesichte, über das selbst die Qual des Todes keine Macht gehabt, hineintreten und den Fremden mit offener Gutherzigkeit in seiner Werkstatt bewillkommen. – Ich eröffnete dem Geistlichen meinen Wunsch, mehrere Tage, ja vielleicht Wochen, im Schlosse zu wohnen. Das schien ihm befremdlich; er äußerte, wie leid es ihm täte, meinen Wunsch nicht erfüllen zu können, da bis zur Ankunft des Bevollmächtigten die gerichtliche Siegelung vorgenommen werden müsse und kein Fremder im Schlosse wohnen dürfe. »Wie aber«, fuhr ich fort, »wenn ich dieser Bevollmächtigte selbst wäre?« indem ich ihm die ausgedehnte Vollmacht des Barons von F., als des jetzigen Besitzers, vorwies. Er erstaunte nicht wenig und überschüttete mich mit Höflichkeitsbezeigungen. Er bot mir Zimmer im Pfarrgebäude an, da mir die Wohnung im öden Schlosse doch wahrscheinlich nicht zusagen werde. Ich lehnte dies ab; ich blieb im Schlosse, und es waren Bickerts nachgelassene Papiere, die mich in den Stunden der Muße auf das anziehendste beschäftigten. – Bald fanden sich ein paar Blätter vor, die in kurzen hingeworfenen Notizen, nach Art eines Tagebuchs, Aufschluß über die Katastrophe gaben, in der ein ganzer Zweig einer bedeutenden Familie unterging. Durch die Zusammenstellung mit einem ziemlich humoristischen Aufsatz: »Träume sind Schäume«, und den Fragmenten zweier Briefe, die dem Maler auf ganz eigne Weise zu Händen gekommen sein müssen, rundet sich das Ganze.

Aus Bickerts Tagebuch

Hab ich mich denn nicht trotz dem heiligen Antonius mit dreitausend Teufeln herumgebalgt und mich ebenso tapfer gehalten? – Sieht man dem Volke keck ins Auge, so verdunstet es von selbst in Staub und Rauch. – Könnte Alban in meiner Seele lesen, so würde er eine förmliche Abbitte und Ehrenerklärung darin finden, daß ich ihm alles Satanische aufgebürdet, was eine allzurege Phantasie mir in grellen Farben dargestellt, zu eigner Buße und Belehrung! – Er ist da! – frisch – gesund – herrlich blühend – Apollos Locken, Jovis hohe Stirn – ein Aug wie Mars, des Götter-Herolds Stellung – ja ganz wie Hamlet den Helden schildert. – Maria ist nicht mehr auf der Erde, sie schwebt im strahlenden Himmel – Hypolit und Maria – welch ein Paar!

Aber trauen kann ich ihm doch nicht – warum verschließt er sich in sein Zimmer? – warum schleicht er in der Nacht auf den Zehen umher, wie der lauernde Mord? – ich kann ihm nicht trauen! – Zuweilen ist es mir, als müßte ich ihm in möglichster Kürze und Schnelligkeit meinen Stockdegen durch den Leib rennen und nachher höflich sagen: »Pardonnez!« – Ich kann ihm nicht trauen!

Sonderbares Ereignis! – Als ich meinen Freund, mit dem ich in die Nacht hinein manches vom Herzen zum Herzen gesprochen, über den Korridor in sein Zimmer begleitete, rauschte eine hagere Figur im weißen Schlafrock mit dem Licht in der Hand vorüber. – Der Baron schrie auf: »– Der Major! – Franz! – der Major!« – Es war unbestritten Alban, und nur die Beleuchtung von unten herauf mochte sein Gesicht, welches alt und häßlich schien, verzerren. – Er kam von der Seite, wie aus Mariens Zimmern. Der Baron bestand darauf, zu ihr zu gehen. Sie schlief ruhig, wie ein frommer Engel Gottes. – Morgen ist endlich der lang ersehnte Tag! – Glücklicher Hypolit! – Aber jene Erscheinung erfüllt mich mit Grausen, unerachtet ich mich zu überzeugen bemühe, daß es Alban war. – Sollte der feindliche Dämon, der sich dem Baron schon in früher Jugend verkündete, nun wie ein über ihn waltendes böses Prinzip wieder sichtbarlich, und das Gute entzweiend, ins Leben treten? Doch weg mit den finstern Ahnungen! – Überzeuge dich, Franz! daß das häßliche träumerische Zeug oft das Erzeugnis des verdorbenen Magens ist. – Sollte man nicht Diavolinis verschlucken, um sich gegen die Unbill böser Träume zu verwahren?

Gerechter Gott! – Sie ist hin – hin! – Ew. Hochgeboren soll ich melden, wie es mit dem Tode der holdseligen Baronesse Marie zugegangen, des Familienarchivs wegen – ich habe durchaus wenig Sinn für diplomatische Geschäfte. – Hätte mir Gott nicht das bißchen Faust verliehen des Malens halber! – Aber so viel ist gewiß, daß sie in dem Augenblick, als Hypolit sie vor dem Altar in seine Arme schließen wollte, tot – tot – tot niedersank – das übrige empfehle ich der Gerechtigkeit Gottes.

Ja, Du warst es! – Alban – hämischer Satan! – Du hast sie gemordet mit höllischen Künsten; welcher Gott hat es Hypolit offenbart! – Du bist entflohen, aber flieh nur – verbirg Dich im Mittelpunkt der Erde, die Rache wird Dich auffinden und zermalmen.

Nein, ich kann Dich nicht entschuldigen, Ottmar! – Du warst es, der sich von dem Satan verlocken ließ; von Dir fodert Hypolit die Geliebte seiner Seele! – Sie haben heute *zu* harte Worte gewechselt, der Zweikampf ist unvermeidlich.

Hypolit ist geblieben! – Wohl ihm! er sieht sie wieder. – Unglücklicher Ottmar! – Unglücklicher Vater!

Exeunt omnes! – Friede und ewige Ruhe den Verstorbenen! – Heute am neunten September in der Mitternachtsstunde starb mein Freund in meinen Armen! – Wie bin ich doch so wunderbar getröstet, da ich weiß, daß ich ihn bald wiedersehe. – Die Nachricht, daß Ottmar auf erhabene Weise gebüßt, durch den Heldentod in der Schlacht, zerschnitt den letzten Faden, der den Geist noch an das Irdische knüpfte. – Hier im Schlosse will ich bleiben, in den Zimmern will ich wandeln, wo sie lebten und mich liebten. – Oft werd ich ihre Stimme hören – manches freundliche Wort der holdseligen frommen Maria, mancher gemütliche Scherz des unwandelbaren Freundes wird wie ein Geisterruf widerhallen und mich aufrecht und stark erhalten, des Lebens Bürde leicht zu tragen. – Es gibt für mich keine Gegenwart mehr, nur der Vergangenheit glückliche Tage schließen sich an das ferne Jenseits, das mich oft in wunderbaren Träumen mit lieblichem Schimmer, aus dem die geliebten Freunde lächelnd mir zuwinken, umfängt. – Wann! – wann werde ich zu euch hinüberwallen?

Und er ist hinüber!

E.T.A. Hoffmann

Ernst Theodor Amadeus Hoffmann, am 24. Januar 1776 in Königsberg geboren, war Jurist, Kapellmeister, Komponist, Musikkritiker, Zeichner, Karikaturist und Schriftsteller der Romantik. In Anlehnung an den von ihm bewunderten W. A. Mozart, änderte er 1805 seinen dritten Vornamen Wilhelm zu Amadeus. Erst nach Vollendung seiner großen Oper *Undine* im Jahre 1814 widmete sich Hoffmann ganz der Literatur. Zu seinen bekanntesten Werken gehören *Die Elixiere des Teufels, Die Serapionsbrüder* und *Lebensansichten des Katers Murr.* Er starb am 25. Juni 1822 in Berlin.

Die in diesem Band enthaltenen Erzählungen »Kreisleriana« und »Der Magnetiseur« entstammen den Hoffmann'schen *Fantasiestücken in Callots Manier. Blätter aus dem Tagebuche eines reisenden Enthusiasten,* die in den Jahren 1814 und 1815 als Folge von insgesamt vier Bänden erschienen. »Die Automate« ist dem Band *Die Serapionsbrüder* entnommen, eine ebenfalls mehrteilige Sammlung von Hoffmann'schen Erzählungen und Aufsätzen, die einige Jahre später – zwischen 1819 und 1821 – veröffentlicht wurde.

Christian Gralingen,

geboren in Essen, studierte Kommunikationsdesign an der dortigen Folkwang Universität der Künste. Die Ästhetik seiner Illustrationen ist inspiriert durch die Bild- und Formensprache wissenschaftlicher Bücher sowie von Bauplänen und technischen Zeichnungen. Gralingen arbeitet u. a. für *The New Yorker, Wired, Lufthansa Magazin* und die Bundeszentrale für politische Bildung. Er war Juryvorsitzender für den Three by Three International Illustration Award 2020. Heute lebt und arbeitet Gralingen in Berlin und lehrt Illustration und Kommunikationsdesign am Lette Verein Berlin.

Nora Gomringer,

Jahrgang 1980, ist Lyrikerin und Performerin. Sie lebt in Bamberg, wo sie als Direktorin das Künstlerhaus des Freistaates Bayern leitet. Ihr Werk ist in zahlreiche Sprachen übersetzt, ihre Auftrittsreisen und Gastlektorate führen sie um den Globus. Sie arbeitet mit Musikern und Bildenden Künstlern zusammen und fühlt sich E.T.A. Hoffmann, mindestens als Wassermann-Schwester, verwandt.

Die Rechtschreibung wurde an einigen wenigen Stellen vorsichtig modernisiert.

Ausgabe für die Mitglieder der Büchergilde Gutenberg

Abb. Vorsatz: E.T.A. Hoffmann, ›Kreisler im Wahnsinn‹ (1822)
Abb. Nachsatz: E.T.A. Hoffmann, ›Selbstbildnis: Der Kapellmeister
Johannes Kreisler in Haustracht‹ (1815)

1. Auflage 2022

Auswahl und Redaktion: Marie-Theres Stickel
Illustrationen und Buchgestaltung: Christian Gralingen
Satz und Herstellung: Cosima Schneider
Druck und Bindung: Beltz Grafische Betriebe, Bad Langensalza
Printed in Germany 2022

ISBN 978-3-7632-7317-1

www.buechergilde.de